スポーツミニストリー

人口70％への新しい挑戦

日本国際スポーツパートナーシップ（JiSP）編

いのちのことば社

刊行に寄せて

「あなたのビジョンは小さすぎる。」

　これは、私がスポーツミニストリーの国際会議において、「日本のスポーツミニストリーのビジョン」を分かち合ったときに、コーディネーターから言われた言葉でした。
　彼は続けて言いました。「神がその国へ与えるビジョンは、大きすぎて一人では担えない。そのビジョンを与えられた者は畏れを覚え、祈る者へと変えられるのだ」と。

　人が何か「事を成し遂げよう」とするとき、それと同じだけの「エネルギー」を必要とします。一人でできないことは、友に分かち合い、共に祈り神の前に出る。それが神から出たものであれば、畏れとともに「使命」が与えられ、取り組む者の間に一致が与えられるのだと思います。

　私はその晩、時間を聖別して神の前に出ました。祈りの中で神は、「私は、この先10年で10倍の祝福を日本に与えよう」と語ってくださいました。そのような経験は、あまりありませんでした。「これは勘違いに違いない」、「聞かなかったことにしよう」としても頭から離れません。私は、この主の語りかけを一人では担えず、すでに立ち上げていたJiSPの何人かの先生に分かち合ってみたところ、皆一様に、「私はそれを主からのビジョンとして受け取ります」と答えられました。2014年11月のことです。これが「10×10（テンバイテン）」のビジョンのスタートです。

　JiSP（Japan International Sports Partnership: 通称ジスプ）は、日本のスポー

ツミニストリーの発展を願って 2014 年に立ち上げられた超教派のネットワークで、スポーツを通して福音を伝えようとしている牧師や宣教師、信徒たちが集まっています。

　今回、JiSP 編集で『スポーツミニストリー ～人口 70％への新しい挑戦～』を出版できることを心から感謝します。人口 70％ というのは、本書にも出てきますが、総務省の発表している日本のスポーツ人口です。過去 1 年の間にスポーツをした方は、およそ 7200 万人いるそうです。彼らはスポーツに対して心を開いていますから、スポーツを用いて心の架け橋を築いて、福音を伝えていきたいと思うのです。

　本書は 17 人の方々に執筆していただきました。牧師も多いのですが、宣教師やスポーツ宣教団体で働いている方、信徒の方にも執筆していただきました。皆さんスポーツミニストリーに取り組んでおられ、経験も豊富です。前半は、「スポーツミニストリーの可能性や歴史」について、その後に、「スポーツミニストリーの事例集」を、最後に「Q&A、アイデア集、スポーツミニストリー団体のリスト」を載せました。さまざまな失敗や闘いも経験した方々が、それぞれの視点で「スポーツを福音宣教のツール」として用いてきた証しや、アイデアを書いてくださっています。そういった点では、本書はスポーツミニストリーのイロハがわかる「手引書」でもあり、実践で使える「虎の巻」にもなり得ます。

　「スポーツミニストリーって何だろう？」という方から、「取り組んでみたけど、うまくいかなかった」という方、「イエス様もスポーツも好きだけど、教会で肩身の狭い思いをしている」という方も、ぜひご一読いただきたいと思います。

本書を読み終わるころには、神がスポーツを用いて働かれることや、スポーツも「福音を伝えるツールとなる」という確信が与えられることでしょう。しかし、スポーツミニストリーはまだまだ日本で始まったばかりの取り組みです。ともに協力して試行錯誤しながら、まだ福音が届けられていない「スポーツ畑」を耕しに向かいましょう。

　本書が、日本の宣教の一端を担う「スポーツミニストリー」という分野の確立のための一助となれば幸いです。そして、やがて「日本からクリスチャンアスリートが次々と生み出されて良き証し人となる」ことと、「2024年には、『10×10』のビジョンが成就する」ことを確信して本書を世に送り出したいと思います。

　なお本書は、いのちのことば社の全面的な理解と協力がなければ出版まで至りませんでした。特に長沢編集長には、多大なご協力をいただき感謝しています。また、実際の編集にあたってくださった碓井さんには時間の制約のあるなか、多くの執筆者がそれぞれの思いを込めた原稿を素晴らしい本に仕上げてくださったことに心からの感謝を表したいと思います。

　すべての栄光を主にお返しします。

感謝と共に

池田恵賜

目 次

刊行によせて 2

I　スポーツミニストリーとは何か
　スポーツミニストリーの可能性（米内宏明）　10
　スポーツミニストリーの歴史（姫井雅夫）　27
　信仰とスポーツ（蔦田聡毅）　30

II　スポーツミニストリー事例集
　サッカーフェスティバル開催の恵み（池田恵賜）　38
　元メジャーリーガーによる野球教室（池田恵賜）　45
　拡大するエスペランサ・スポーツクラブ（佐藤賢二）　52
　どきどき・わくわく「キッズゲーム」（金子道仁）　62
　真剣勝負のフットサルミニストリー（桃井亮）　67
　ボール一つでリバイバル（山下翼）　73
　ラグビー伝道（金子道仁）　79
　かけっこ教室　忍者塾（米内里江子）　84
　花園ゴスペルフェスティバル（金子道仁）　90
　日本におけるバスケットボールミニストリー（大場元紀）　94
　「サッカー教室」というミッションフィールド　シーホースサッカー
　　　　　　　　　　　　　　　　　　　　　　　（横田昌幸）　101

付　録

アイデア集
青少年向け（竹沢めぐみ）　108
子ども向け（山崎紘子）　111
コミュニティー向け（大場元紀）　116
ワールドカップ・オリンピック伝道（大場元紀）　119

Q＆A　122

世界のスポーツミニストリー紹介
AF─Ambassadors Football（米内宏明）　126
Seahorses（蔦田聡毅）　127
UPI─Unlimited Potential Inc.（大上リチャード）　128
AIA─Athletes in Action International（デーブ・ディール）　130
FCA─Fellowship of Christian Atheletes（ウィル・トンプソン）　131
ISLT（大場元紀）　133

日本のスポーツミニストリー団体　135
著者プロフィール　139

I

スポーツミニストリーとは何か

スポーツミニストリーの可能性　　米内宏明

～スポーツミニストリーとの出会い～

　「サッカーをしたい」　そう声をかけてきたのは、当時高校生だったKくんでした。彼は父・息子と二代にわたるサッカー選手で、東京都でも活躍した選手です。彼は小さいころから教会へ通っていて、教会の仲間でサッカーをする機会を求めていたようでした。

　サッカーは11人でするチームゲームです。もし対戦するとなれば、その倍の人数がいないと成立しません。私が赴任した直後の教会では、22名のサッカー仲間を集めるのは難しい願いでした。そこで私は近隣の教会へ電話を入れたり、ご挨拶もかねて訪問したりしては「サッカーしませんか」と声をかけました。けれども、「うちも青年がいないから」、「青年はいてもスポーツはしないなあ」という返事がほとんどでした。どこも似たような状況だったのかもしれません。中には「スポーツをするなんてあり得ない」とおしかりを受けたこともありました。部活で礼拝に来なくなった中高生が多くいるため、部活＝スポーツ＝悪という発想の牧師もおられたのです。

　そのような空気を一変させてくれたのは、そのころ「読売ヴェルディ」というプロサッカー・Jリーグの選手であったビスマルクさんでした。フィールドで祈る彼の姿は、当時を知る人々の心に今も印象深く残されています。そのような彼を日本の教会が見逃すはずがありません。彼を証し者として礼拝や伝道的な集会に招きました。プロ選手として活躍しながら、教会の礼拝や集会で証しをしたその献身的な姿勢は、どの牧師、宣教師にも負けないくらいの覚悟が必要だったはずです。実際に、私が奉仕している教会にも来てくださいました。そのときのビスマルク選手の証しを通して信仰をもつようになった青年がいます。ビスマルクさんの証しを聞いていた彼は、当時まだ小学生でした。その彼が時を得て、ビスマルクさんの言葉を借りれば、同じ「Jesus Team」に加入し

たのです。

　しばらくして、ビスマルクさんがチームを移籍し、ついには母国ブラジルへ帰ることになったとき、私は彼のクラブハウスを訪ねました。そのときの彼の言葉が私の心を打ったのです。「ぼくは日本の教会のために一生懸命に奉仕をしてきたけれど、ぼくがつらかったとき助けてくれる教会はなかった。」もちろん彼のために祈り、励ました人はいます。でもこの言葉は今も私の心に響いています。一流選手であるゆえに、またその信仰深さのゆえに用いられました。でも、言葉をあえて言い直せば、教会に「使われた」のでした。最後に彼と一緒に祈りましたが、私は涙が止まりませんでした。彼自身のプロ選手としての孤独、結果を常に求められる重圧、文化の違いによる寂しさ。それらを考えればすぐに気づくべきであったのに、彼を「使うこと」だけを考えて、サポートしようという姿勢を取り得なかった私自身に対する怒りと失望の涙でもありました。

　私とスポーツミニストリーの出会いは、この高校生とビスマルクさんのひと言でした。私は、彼らが苦しんだところにこそ、ミニストリーとしての可能性が秘められていることを感じています。なぜなら、聖書は十字架を背負うところに福音の希望を語るからです。そして福音が届いていない人々にそれを届けようとするのであれば、その人たちの世界に入っていかなければなりません。教会は、スポーツという世界に生きている人々の苦悩に対し、希望と励ましをもたらすことができるはずです。そして、それができれば、教会はどの分野の人たちに対しても同じように福音の希望をもたらすことができる、と私は信じています。

　「可能性」を語るのは、たといそこが困難な状況にあったとしても、将来の希望を感じられる事象が今そこに見える時です。あるいは、そこに希望を見いだしていかなければならない理由がある時です。ですから、「可能性」とは、それに参画しようとする人に対し、強い動機づけと同時に責任も要求することがあるのです。

　この小さな本の中に紹介されているものは、皆さんのおられるところから将来の希望

をご一緒に見ようとするためのものです。決して「絵に描いた餅」ではありません。執筆者それぞれの分野において、それぞれの視点から書かれてはいますが、内容を読んでいただければわかるように、読者の皆さんと一緒に取り組めること、あるいは皆さんが独自に取り組めるヒントが隠されています。そして、それらを発見していただけたら幸いです。

スポーツミニストリーの可能性を考えるうえで、以下の三つの点から見てみます。

「スポーツミニストリー」って何？
「スポーツミニストリー」は何を目指すの？
「スポーツミニストリー」を私も始められるの？

1　スポーツミニストリーって何？

　これは言葉の正確な定義づけをするということではありません。またスポーツミニストリーについてすべてを網羅するということでもありません。あくまでも、この本で紹介されているスポーツミニストリーについて、どういう考え方で取り組んでいるのかを説明する「取扱説明書」のようなものです。

(1) スポーツミニストリーは、創造世界における共通言語である

　宣教が言語などのコミュニケーションを通して行われるのであれば、スポーツはまさに世界で共有できる言語／コミュニケーションといえます。
　世界に出て行ったときに、言葉が通じなくてもコミュニケーションを取る手段はいくつもあります。その一つがスポーツです。オリンピックやパラリンピック、ワールドカ

ップや世界大会などの世界レベルの競技大会が開催され、言葉も文化も違う者同士が同じフィールドに立てるのは、スポーツが世界に共通する言語（ユニバーサルランゲージ）だからでしょう。

2002年の日韓ワールドカップで撮られた写真の一つに、サッカーボールを一緒に蹴り合って遊んでいる僧侶の子どもたちとキリスト教の宣教師の子どもたちの姿がありました。

スポーツを通して接点が生まれるのです。接点が生まれれば、そこに対話が生まれます。対話が生まれれば、信頼も生まれ、大切なことを分かち合うチャンスが到来します。スポーツミニストリーは、一緒にプレーする者たちの間に出会いを与えてくれます。

日本ではクリスチャン人口はとても少なく、それゆえに教会はますます内向きになってしまう傾向があるのかもしれません。でも、逆に考えれば、教会の可能性は大きいのです。その可能性を実現するためには、自分たちの現実を見て、手を打たなければなりません。

次の図をご覧ください。

図1

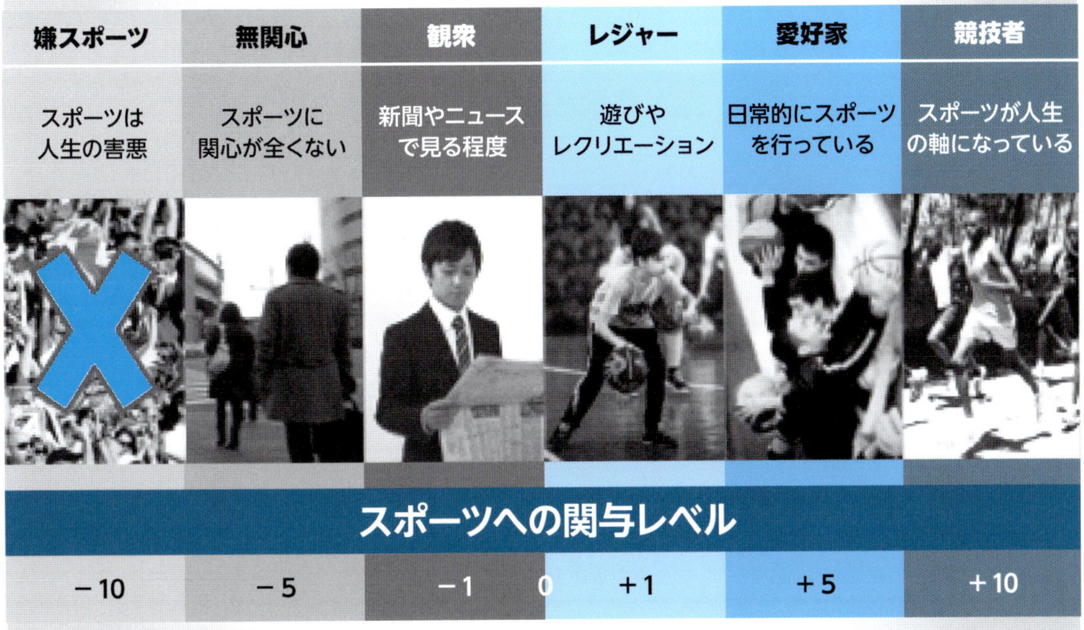

嫌スポーツ	無関心	観衆	レジャー	愛好家	競技者
スポーツは人生の害悪	スポーツに関心が全くない	新聞やニュースで見る程度	遊びやレクリエーション	日常的にスポーツを行っている	スポーツが人生の軸になっている

スポーツへの関与レベル

| −10 | −5 | −1 | 0　+1 | +5 | +10 |

図1は、スポーツをしない人たちから、プロとしてスポーツの世界に生きている人たちまでを横に広げて示した図です。左へ向かうほどスポーツとは縁遠くなる人たちのグループ。そして右へ向かうとスポーツをより専門性をもって関わっている人たちのグループです。

　ちなみに、みなさんはどの辺に位置しているでしょうか？　誤解しないでいただきたいのですが、どちらかが良くて、どちらかが悪いという区分ではありません。あくまでもスポーツに対する嗜好です。

図2

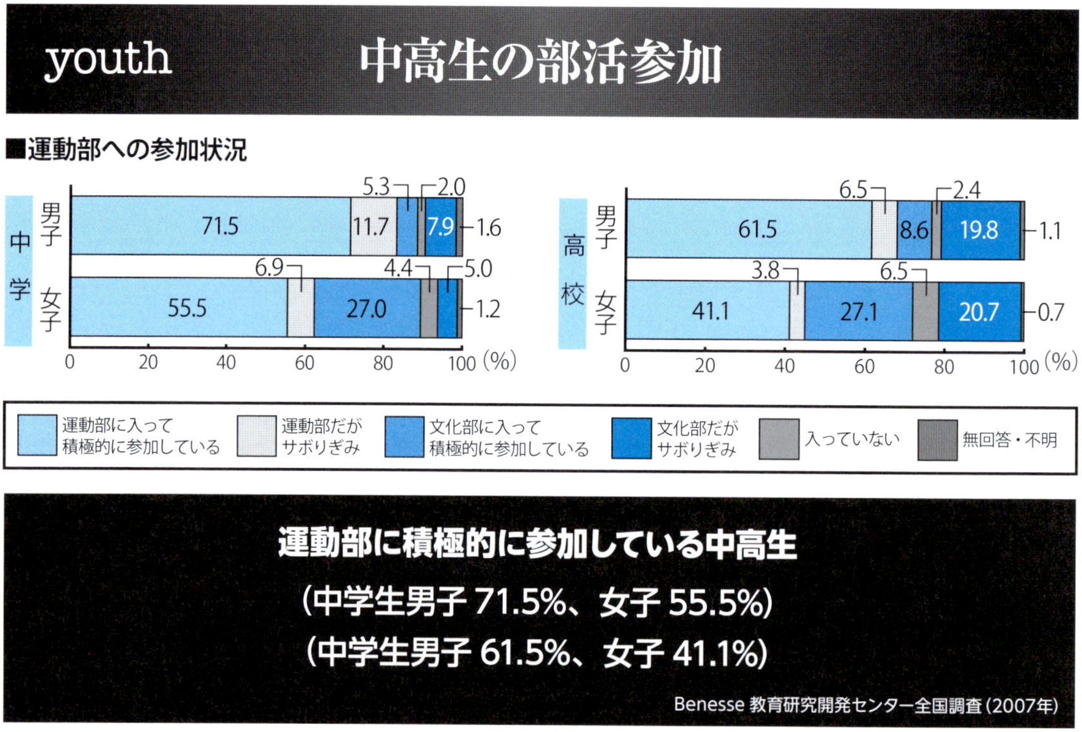

youth　中高生の部活参加

■運動部への参加状況

中学 男子：71.5　5.3　11.7　7.9　2.0　1.6
中学 女子：55.5　6.9　27.0　4.4　5.0　1.2
高校 男子：61.5　6.5　8.6　19.8　2.4　1.1
高校 女子：41.1　3.8　27.1　6.5　20.7　0.7

凡例：運動部に入って積極的に参加している／運動部だがサボりぎみ／文化部に入って積極的に参加している／文化部だがサボりぎみ／入っていない／無回答・不明

運動部に積極的に参加している中高生
（中学生男子 71.5％、女子 55.5％）
（中学生男子 61.5％、女子 41.1％）

Benesse 教育研究開発センター全国調査 (2007年)

　図2を次に見てください。少し古い統計ですが、中高生で運動部にどの程度コミットしているかを調査したものです。ちなみに最近の別の調査*によりますと、その数字が次のように変化しています。中学男子80.1%（8.6%↑）、同女子57.1%（1.6%↑）、高校男子65.0%（3.5%↑）、同女子37.0%（4.1%↓）。

いかがでしょう。運動部という部活が彼ら中高生にとってとても大きな比重を占めていることがよくわかりますね。だから部活はダメだと結論づけないでいただきたいのです。そう言う前に何かできることはないのでしょうか。ここに教会にとっての可能性があるはずです。もし教会が、彼らの人生に寄り添い、負けるときに共に泣き、勝つときに共に喜ぶとき、彼らの人生と良きものを必ず共有できると確信しています。

*少年教育機構調べ／2016年。括弧内は2007年Benesse統計。

図3

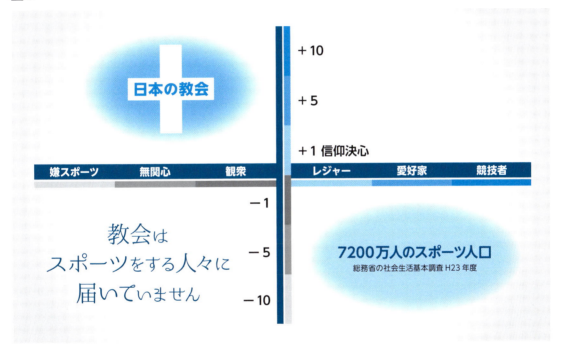

図3をご覧ください。日本における教会とスポーツの位置をうまく表現していると思います。そして何よりも教会におけるスポーツの可能性も示していると思いませんか。

スポーツはこれまで日本の教会が取り組めなかった分野だったからこそ、スポーツミニストリーに「可能性」を見るのです。

（2）スポーツミニストリーは、人を動機づけ、育てるものである

個とチームワーク

　日本で生まれた陸上競技に「駅伝」があります。まさに季節の風物詩にもなるほどで、大学駅伝などはいつもドラマが生まれます。観る者、応援する者たちをいつもドキドキ・ワクワクさせてくれます。

　その駅伝。選手は上り坂が得意な選手、下り坂が得意な選手、平地を得意とする選手など、それぞれの特徴をつかみながら何番走者になるかは、選手と監督の判断です。皆がみな、坂道が得意なわけではありません。また、皆がみなスタートの第一走者として走るのが得意なはずがありません。チームワークは個人の得意なことが活かされて生まれるものです。しばしば「個」と「チームワーク」を天秤にかけてしまう人がいますが、それはナンセンスです。個がなければチームワークは成り立たないのです。でも、おしなべて日本は「個」が弱いのです。それが何によるものかを拙速に決めつけるつもりはありませんが、その弱点は教会でも同じです。個が伸びなければ、教会も伸びないことなどわかりきっています。けれども、どうしてもチームの枠の中に、教会の枠の中に個を押し込めたくなるのです。スポーツミニストリーは、個の力を伸ばし、チームの力を伸ばします。

　最近のスポーツの世界を見渡せば、日本人選手も個の力を発揮できるようになってきました。世界で通用する選手が次々に登場してきているのです。日本のキリスト教界においても、自分の使命と役割という「個」の力を伸ばす環境があれば、教会という「チーム」も、あるいは教会間のつながりというチームもさらに力を伸ばすのではないでしょうか。まだ日本のキリスト教界が見ていない新しい拡がりと成長を、そこに見るのではないでしょうか。

地域のリトルリーグ

　もちろん、スポーツをする人たちがすべて世界レベルで活躍できるわけではありませ

ん。厳しい競争社会であるスポーツ界においては、世界を目指そうとすればするほど自分の限界と向き合わなければならなくなります。

　私の地域にあるリトルリーグは、米国のチャンピオンチームを破るほどの実力のある選手が揃った素晴らしいチームです。その中で活躍することも難しいことなのですが、甲子園球児となる選手はさらに限られるでしょう。ましてやプロ野球の選手として活躍するのは、さらにその中でもごく一握りいるかいないかだと言われます。つまり多くの子どもたちは、野球選手としての夢を持ちながらも、どこかでそれをあきらめなければならない日が来るのです。

　そのチームの総監督はおっしゃいました。「監督は子どもたちに野球を教えている。しかし、野球で成功する子どもは一握りもいない。多くが途中で挫折し、野球を辞めなければならない。そのときの彼らに監督は何を教えるだろう。」　総監督とはリーグで各チーム監督・コーチの上に立つ方です。その方が続けてこうもおっしゃいました。「クリスチャン・アスリートの言葉（証し）を聞いて、人生の大切な価値が野球以外にもあることを、野球を通して教えられることを学んだ」と。スポーツの世界で生き、誠実に子どもたちと向き合ってきたその方だからこその発言だと受けとめました。

　スポーツの世界に聖書の価値観がきちんと適用されるとき、この総監督のように受けとめられるのです。スポーツミニストリーは、競争社会の中で生きる人に人生の価値をしっかりと位置づける助けとなります。スポーツミニストリーは人を動機づけ、育てます。

自分に価値があるという人は勝負強い

　為末大という人をご存じでしょうか。彼は、トラック競技における日本人初のプロ選手です。400メートルハードルでオリンピック・シドニー、アテネ、北京大会へ連続出場しました。トラック競技で日本人初のメダル獲得選手です。いくつもの本を書いていますが、為末大学という講座も開いています。彼は心に届く言葉をたくさん残しています。「やればできるは幻」「アスリート人生は必ず途中で時間切れになる」「限界を超えた先の足りない自分とつきあう」「小さいところで戦っていたら挫折はない」等々です。

その彼のツイッター投稿から一文を紹介します。

> 「人は得る事より、損失を回避したがるという行動経済学の実験があるけれど、同じ勝利でも手に入って当たり前と思っている人と手に入ったら儲けものと思っている人では感覚が全然違う。手に入るはずのものが手に入らないというのは感覚としては損失に近く、そして損失は怖い。本当の勝負が始まるのは期待されてから。期待の量が大きければ大きいほど負けた時の失望も大きい。何かを代表した時には、代表している社会が大きければ大きいほど、期待も大きい。"勝ちたい"がいつの間にか"勝たなければならない"に変わる。皮肉な事に、勝負強い選手は勝負で負けようが勝とうが自分には価値があるという自己確信がある。勝ち負けが自分のすべてだと思う人は、勝負で失うものが大きすぎて肩に力が入り、動きがぎこちなくなり、結果力が出なかったように思う。」

聖書に土台を置くスポーツミニストリーが、世界の人々に対してどれほどの影響力を持てるかが肌で感じられる言葉ではないでしょうか。

(3) スポーツミニストリーは、人と人、教会と社会の橋渡しをし、一緒に生きる社会を形成する

2020年に東京でオリンピックが開かれます。そしてもちろんパラリンピックも。パラリンピックは障がい者のオリンピックなどと言われていたときもありました。ロンドン・パラリンピックのプロモーション動画（http://paralympics.channel4.com）は世界中の人々を感動させました。そのタイトルは「Meet the Superhumans」（2012年）、そして「We're the Superhumans」でした。そこに映し出されているパラリンピアンは健常者をしのぐスーパーヒューマンとして、また健常者のアスリートと同じようにリスペクトされるべき人として登場しています。これを見て驚くのは、どこかに健常者と障がい者との区別意識が存在しているからでしょう。

現在のスポーツ界での大きな問いかけの一つは、健常者と障がい者とは一緒に競技大

会に出場できるかというものです。現在のルールでは、たとい一緒に競技をして障がい者が勝ったとしても、その人が表彰台に上ってメダルをもらうことはできません。スポーツは常に人とは何者であるのか、違いをどう乗り越えるのかを問い続けています。

ちなみに先のパラリンピックの動画では次のような字幕が入っています。

「Yes, I can」

もう一つの事例を紹介します。アメリカのメジャーリーグで、全選手が年に一度、同じ背番号を付けて試合をします。「42」です。この背番号は今も全球団共通の永久欠番になっています。かつてこの番号を背負ったのは、アフリカ系アメリカ人として初のメジャーリーガーとなったジャッキー・ロビンソンという選手です。彼は相手と味方の両チームから差別を受け、また観客からも差別されるという孤独なスタジアムと試合の中で、「やり返さないガッツ」を自分のものとした人物でした。その彼の功績をたたえ、差別を廃絶しようという意思表示としてこの背番号が年に一度登場します。

地域の学校などへは聖書を携えて訪問することはできません。けれどもこのような価値を持つスポーツミニストリーは、学校でも受け入れてくれるところがあります。実際に私自身も何度かこのようなスポーツミニストリーを通して学校へお伺いしたことがありました。スポーツを通して、スポーツというコミュニケーションで聖書の価値観を表現できるのです。

スポーツミニストリーは、どのような人との接点も作り得るコミュニケーションです。スポーツミニストリーは、人の価値を認め、人を育て、違いや差別をも乗り越える仲間を作り出します。キリスト教会が人は神のかたちに造られたと宣言し、そこにすべての人の尊厳と価値を置くのであれば、スポーツミニストリーはすべての人と一緒に生きていこうとする社会をつくるために大きな助けをもたらします。

2　スポーツミニストリーは何を目指すの？

(1) ビジョン／夢

　私たちは、日本国際スポーツパートナーシップ（以下 JiSP）というネットワークを作り、「ビジョン 2024 ＝ 10 × 10 の祝福」を掲げています（下図参照）。

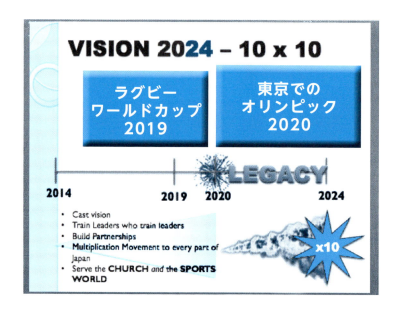

　JiSP は、2014 年から始まりました。スポーツミニストリーを通して大きな夢とビジョンを掲げています。

　「ビジョン 2024」は、2019 年と 2020 年に日本で行われるスポーツの世界大会をきっかけにして、これまで述べてきたようなスポーツミニストリーを日本の各地に定着、発展させ、この国における福音宣教のレガシーを残そうというものです。2024 年までを一つのゴールとして私たちは動き出しています。

　「10 × 10 の祝福」は、10 倍の祝福を日本のキリスト教会が受けるという夢を見た一人が、その幻を分かち合ってくれたことから祈り始めたものです。

(2) ミッション／使命

私たち、JiSP が目指そうとしているのは、大きく分けると次の三つになります。

> a 地域教会の中で、あるいは教会同士で取り組む活動とネットワーク
> b 地域教会と地域社会との橋渡し
> c クリスチャン・アスリートの育成

a 地域教会の中で、あるいは教会同士で取り組む活動とネットワーク

いくつかの教会の様子を伺うと、次のような区分ができるかもしれません。

1 教会にスポーツをするような人はいない。
2 スポーツをする人はいても、仲間がいない。
3 教会の仲間でスポーツに取り組んでいるが、外へ向かっての活動ではない。

最初のケースについて考えてみましょう。スポーツは必ずしもしなければならないものではありませんが、スポーツ観戦、あるいは健康のための運動ならだれでも関心があるでしょう。スポーツミニストリーには、一緒に試合を観戦することも含まれますし、健康のための運動も入ります。運動は高齢の方にも、妊婦の方にも、そして運動不足の方にも必要なことです。子どもたちにも必要です。たいていの子どもたちは身体を動かすことが大好きです。JiSP は世界のスポーツミニストリーとつながっているので、この本にもあるように実に多くのプログラムを紹介しています。ぜひ活用していただきたいのです。ちょっとしたきっかけで、スポーツミニストリーは始められます。JiSP はそのようなアイデアを提供できます。

次のケースは、仲間がいない場合です。もし、仲間を探している方がおられるなら、そのお手伝いを JiSP はします。JiSP では全国のスポーツ仲間がいろいろな形でつながっていますから、きっと一緒にスポーツをする仲間が見つかります。

最後のケースは、他の教会の仲間を見つけるか、地域での交流を深めるための良いチ

ャンスになります。ある方は地元の朝野球のチームに入っています。また気軽に取り組める「卓球」や「バドミントン」などは、だれもが参加できるので交流がしやすいものです。「バスケットボール」や「サッカー」、「フットサル」そして「野球」などには、すでに取り組んでいる教会も多いので、一緒に試合をしてみるのも楽しいはずです。また地域にも同種のチームがあるはずです。そういうチームとの交流は、教会に足を運んだことのない方々にとっては福音に触れる良い機会なのです。「ボルダリング」などもはやってきていますし、施設もあちこちにできています。まわりに目を向けてみれば、スポーツミニストリーのチャンスはいくらでもあります。

　ぜひ、ご一緒にやってみませんか。

b　地域教会と地域社会との橋渡し

　上記 a や 1―(3) とも関連します。

　しばらく前のことですが、複数の教会が集まりフットサル大会を地域に呼びかけて開催しました。大人で 200 名、子どもたちで 100 名ほどが集いました。一日かけての試合を組みました。途中にクリニック（実技指導）も入れました。この日は元ナショナルチームの選手も参加してくださったので、大盛況でした。この人数の半数以上が教会に足を運んだことのない方々でした。

　また 2015 年に横浜で開催された卓球大会でも、同じように大勢の方々が参加してくださいました。メダリスト選手も在籍している韓国のナショナルチームからの応援もありました。

　日本では福音に触れる機会そのものが多くありません。ましてや教会に足を運ぶ機会がなければ、ますますそのチャンスは少なくなります。スポーツミニストリーは教会と地域とを橋渡しします。

　福音宣教の直接的な機会としてだけでなく、地域の必要のためにもスポーツミニストリーは役立ちます。東日本大震災のときも、熊本での震災時にも、スポーツを通じて地域の方々を励ます企画がいくつかなされました。子ども向けの企画は特に震災後の地域

においては、少しはお役に立てたのではないかと思います。

　地元行政やクリスチャンの NGO などのご協力もいただきながら開催された「キッズゲーム」や「かけっこ忍者塾」などはその一つです。

　それだけでなく、地元の復興にも一役買うことになりそうなのが、世界大会が開催される地方都市でのボランティア奉仕です。外国語を使う通訳や道案内、海外からの選手や家族、その関係者をお迎えするホスピタリティなどは、教会が得意とするところのはずです。

　2002 年のサッカー日韓ワールドカップの時期には、海外からのクリスチャンボランティアが押し寄せました。サッカーを専門とするチームも来日しましたし、地方の教会や学校を訪問してくれました。サッカーの元代表選手や、大道芸人のパフォーマンスをするクリスチャンボランティアも来てくれました。

　皆さんの地域ではどういうことができるでしょうか。2019 年や 2020 年に近づく世界大会では、皆さんの地元で、あるいは開催地方にまで出て行って、そのような活動をご一緒にしてみませんか。

c　クリスチャン・アスリートの育成

　私が経験してきた限りにおいてですが、そしてもう過去の経験になっていることなのですが、運動部の部活に入部することは、日曜日の礼拝に出席できない可能性が高くなるので、反信仰的な姿勢とされてきたように思います。部活に入らないで礼拝出席を選ぶことは、その人の信仰表明として私は賛成します。同時に、私は、部活に入る決断をした人にも、クリスチャン・アスリートとして頑張ってほしいと心から願って賛成します。

　日本のスポーツ界を見渡しても、クリスチャンのアスリートを見つけることはほとんどできません。どうしてだろうと考えています。あれほどプロのクリスチャン選手を証し人として用いる教会なのに、なぜ自分たちの教会からプロ選手が起こることを期待しないのでしょうか。これほどスポーツミニストリーが福音宣教に有効だと認めながらも、なぜ自分たちの教会でプロ選手になる人を育てようとしないのだろうと。

プロのトップ選手だけの話をしているつもりはありません。スポーツをするクリスチャンを一人でも多く育てることは、日本における福音宣教の新しい地平を開くことになるはずです。

　そのために必要なことがあります。それはこれまで日本になかった発想です。それにはチャプレン的な働きを担う牧師の存在が不可欠です。私なりの答えですが、日本のスポーツミニストリーが育たない理由の一つに、地域教会の牧師たちや宣教師だけがこの働きを担わざるを得ない状況があるということがあります。これでは教会を越えて、あるいは地域を越えたネットワークを構築し、クリスチャンアスリートまで育てることは無理です。そこには専門性を備えたチャプレンと、アスリートの心と身体をケアする専門チームが必要です。同時にそのようなチャプレンやチームが地域教会の中で、また教会の外で活動していくことを支援する教会も必要です。

　新しいタイプの宣教チーム、開拓チーム、教会チームとも言えるかもしれません。必ずやこの取り組みは、新しいリーダーシップ、ディシプリン（訓練）、チームワークをもたらします。

3 スポーツミニストリーは私も始められるのか

　はい、もちろんです。そう断言できるのは、スポーツミニストリーが万能だからではなく、あなたに可能性があるからです。あなたの可能性がスポーツミニストリーを活かします。

　ここまで読んでくださった方の中には、スポーツミニストリーを始めようと思った方もおられるのではないかと思います。ですが、自分には無理だとまだ思っている方もおられるかもしれません。

　新しいことに手をつけようとすれば、恐れが生じるのは当然のことです。そして恐れは何も問題ではありません。

(1) ブラックスワンを探せ

　「ブラックスワンを探せ」という言葉を知っているでしょうか。やっても無駄なことを言い表すとき、「黒い白鳥を探すようなものだ」と言います。黒い白鳥は「あり得ない」ことの象徴だからです。しかし、もしその白鳥の中に一羽でも「黒い白鳥」がいたら、「白鳥＝白い」を覆すことになります。私たちはあえてそのブラックスワンを探そうとしているのです。そのためには、私は「学ぶ力」を身につけることが大事だと考えています。ここでの「学ぶ」とは、知識を蓄えることではありません。「先駆的に知る力」のことです。表現を変えると、「値札の貼られていないものに価値を見つけ出そうとする力」のことです。これが「ブラックスワンを探せ」です。

　私たちは、通常「値札が貼られているものだけを注視し、値札が貼られていないものは無視する」のです。なぜなら、「値札がついていないものは価値ある商品でない」という着想を定説として受け入れるからです。値札で価値を決めてしまうような勉強や訓練だけをしていると、「先駆的に知る力」は芽生えず、「ブラックスワン」は探せません。これは人間同士でも同じです。値札のついていない人、つまりその社会における評価の

低い人は価値が低い、と見てしまいやすいからです。

　値札が貼られているものだけを追いかけるように教えられる教育は、もはや先駆的ではありません。先駆的であることは、どこかに設計図があるわけではありません。答えが見えているわけでもありません。リアルタイムでは説明のしようがない（証拠立てができない）のです。けれども、それを理解したい、理解しなければならない、という努力も大切です。「見えないものにこそ目を留める」（Ⅱコリント 4：18）と「希望」を告白するキリスト教信仰は、この国においてこそ不可欠なものだと私は受けとめています。学ぶ力を神学校でも教会でも養っていかなければならないと信じています。

(2) 一つの小さな事例の価値

　「小さな変化では大きな変化（根本的な変革）には至らない。」 これは組織変化の定説の一つです。変革は戦略、組織、マネジメント、プロセス、人材などの変化が同時に起きない限り、起こりえないという考え方です。万が一、この考えにとどまって大きな変化だけを求め続けていると、小さな変化を見逃します。結果、その組織は硬直化してしまいます。教会の雰囲気を変えるきっかけは実に小さなことです。教会の変化を加速させるのは、いくつもの小さな気づきと発意です。

(3) スポーツミニストリーは教会を建てあげる

　しかし、スポーツミニストリーは、宣教や教会形成のための単なる手段ではありません。宣教や教会の大切な要素そのものです。スポーツミニストリーに取り組むことは、教会を再発見することです。教会が本来もっている価値、性質の再発見です。ですから、スポーツミニストリーそのものが新しく教会を形成する可能性を秘めているのです。

　ぜひ、この国で「10 × 10」の夢を一緒に見ませんか。

スポーツミニストリーの歴史　　姫井雅夫

スポーツと教会

　クリスチャンのスポーツ愛好家が仲間同士で競技し、仲間を増やしていく中で自然に伝道がなされたであろうことは想像できます。「スポーツミニストリー」ということで記録に残っているのは1950年代からで、アジアの国々で教会開拓の一つの手段としてスポーツが用いられたようです。それ以降、アメリカでは地域への宣教のために各種のスポーツ大会が行われ、1960年代から1970年代の初期になると、ヨーロッパや南米でオリンピック選手級やプロ級の人々を対象にした宣教活動がなされるようになりました。1980年代になると、多くの国々で国レベルや世界で通用するプロ級の選手への宣教がなされるようになりました。ここ10年ぐらいの間でも、教団や宣教団体、用具や資料を作成する企業がスポーツミニストリーに取り組むようになってきました。聖書のスポーツ版、文書、ラジオやテレビ番組、ビデオなどが製作されるようになってきました。テレビやビデオを使うようになると、一気にオリンピックやサッカーワールドカップは世界中の関心を引き、クリスチャン選手の証しも広まっていきました。今日では大きなイベントだけでなく、普段の小さなスポーツ大会やキッズゲームがいたるところで宣教のために用いられるようになっています。

　聖書にはスポーツに関する歴史的記述は聖書にも見られます。「走る」という言葉は多く出てきます。戦争の武器としての表現も多く、スポーツとの関わりでないものもあります（イザヤ40:31、55:5、哀歌3:12、ヨブ7:20、士師20:16）。

　さて、聖書に出てくる表現から、どのようなスポーツを連想しますか。

＜旧約聖書＞
　創世32:24～25、ヨシュア2:1、Ⅰサムエル20:20、36、Ⅱサムエル1:23、2:18、

18：21～27、Ⅰ列王18：44～46、Ⅰ歴代12：2、8、詩篇19：5、伝道者9：11、イザヤ22：18、25：11、エレミヤ12：5、エゼキエル47：5

＜新約聖書＞

使徒20：24、Ⅰコリント9：24～27、ピリピ3：14、Ⅱテモテ2：5、4：7～8、ヘブル12：1

聖書に出てくる武器などが、時が進むとスポーツ化してきているようです。古代オリンピック（ＢＣ776年？）では槍投げ、円盤投げ、跳躍、競走、走り幅跳び、レスリングなどが競技となっています。

途中でオリンピックは中断しますが、近代オリンピックはクーベルタン男爵によって1894年6月23日にソルボンヌ大学で開催され、スタートします。クーベルタンは、近代オリンピックを「筋骨たくましいキリスト教徒の育成、人格教育を目標とし、キリスト教的運動競技」（『聖書におけるスポーツと福音』63、64頁）と意義づけました。正式な近代オリンピックの歴史は1896年、アテネ大会が第1回となっています。

近年の日本でのスポーツ伝道

日本でのスポーツミニストリーの歴史は、資料があまりないのでよくわかりませんが、私が関わりを持った長野冬季オリンピック（1998年2月7～27日）からのことを記すことにします。1996年、ISC（International Sports Coalition）の代表エディ・ワクサー氏から、今、飛行機の乗り継ぎで成田にいるので来てほしいと電話がありました。「何の用事ですか」と尋ねると、「とにかく来てほしい。大切な相談がある」と言うのです。喫茶店で彼に会い、話を伺いました。すると、「1998年に長野で冬季オリンピックが開催される。この機会を宣教のチャンスとして活かさないか」と提案されたのです。スポーツとの関わりがほとんどなかった私は、どこからどのように始めていけばよいのかわかりませんでした。とにかく長野に出かけ、牧師に集まっていただいて、ワクサー氏の言われたことを伝えました。最初のうちは「何のことですか」という、まったく無関心の雰囲気でした。しかし会合を重ねていくうちに宣教師の方々から、「取り組みま

しょう」と積極的な意見が出るようになり、各教会を回って組織作りをしました。

1996年6月14日にNOC委員会を立ち上げることができました。会長：正村富男、副会長：北村喜彦、テモテ・コール、姫井雅夫、書記：丸山園子、財務：前島常郎。

初めての経験でしたが、JOCなどと連絡を取り、長野市内、県内でいろいろな活動をしました。具体的には以下のようなことです。

① 教会案内とトラクトを製作し、配布する
② 来日するクリスチャン選手を招いて大会をもつ
③ 祈禱会や訓練会をし、各教会を活性化する
④ 外国から観戦に来られる方々に伝道し、世界宣教に貢献する
⑤ 選手村でチャプレン活動をする

これを契機にSports Outreach Japan（以下SOJ）を立ち上げました。その後、2000年のシドニー大会、2008年の北京大会にも参加しました。

主要スポーツ大会では、オリンピックのほかにサッカーワールドカップが世界の各地で開催されています。韓国と日本が共同開催国になったのは2002年でした。SOJを中心に組織を編成し、韓国の委員会と一緒に活動しました。これを機会に韓国でSports Outreach Koreaが組織されました。何度も韓国に足を運び、牧師のサッカーチームと対抗試合をしたこともあります。その後、2006年のドイツ大会にも出かけ、宣教活動をしました。

2002年のワールドカップの時に、教会がスポーツを取り入れて伝道する必要性を感じ、Sportsnetという組織が生まれました。教会の青年たちが、サッカー、バスケットボール、バレーボール、ソフトボール、野球、キッズゲームなど近隣の教会と一緒に競技会をするようになりました。それぞれの活動については、この本に紹介されていますので、参考にしてください。

信仰とスポーツ

蔦田聡毅

スポーツと教会生活の問題

　小学生までは熱心に通っていたのに、中高生になってから休みがちになり、だんだん教会から離れてしまうという、残念な現実が多々あります。いろいろな理由が考えられると思いますが、そのうちの一つが学校の部活動との関わりです。必ずしも文科系と体育系で差があるわけではありませんが、結果を重視する熱心な部活動ほど、日曜日に練習や試合などを重ねてくることが多くなる傾向があります。CSの小学科を卒業し、中学校に入った子どもたちは、教会の先生と学校の先生の言葉を聞き、自分なりに一生懸命にお祈りしながら、日曜日に活動のない部を探し、どうしても入りたい部が日曜に活動がある場合には、健気にも顧問の先生に、日曜の活動に出席できなくても入部してよいか直談判して許可をもらいます。入部が決まれば、祈りが聞かれたことを感謝しながら、部活に励むことになります。日曜を欠席する分、週日は人一倍頑張って続ける場合もあります。子どもながら、立派に信仰のために闘っています。

　しかしやがて、次々と具体的な闘いに直面し始めます。日曜に欠席していることが、部活仲間の目にどう映っているのか、少し気になります。試合や演奏などのメンバーからはずれたらはずれたで、日曜に来られないからだと思い始めます。選ばれたら選ばれたで、周囲の目が気になって苦しく感じます。大事な試合や演奏だからということで、「1回だけ、今回だけ」来てくれないかと頼まれます。期待に応えたい、活躍したいという正直な思いと教会生活を守りたい、守らねばならない、という思いがぶつかって、激しい葛藤に苦しみます。教会を選んで霊的な納得をいただいて、これで良かったのだと解決できればそれも感謝なことですが、教会に座っていても心は仲間のほうに飛んでいて、少し損をしたような気持ちになっていることもあります。日曜の間は心で納得できた場合でも、月曜には結果次第で仲間や先生の顔を見るのがつらくなる時もあります。

1回だけだからと教会を欠席した場合でも、一日中ふと思い出しては、心が重くなったり、罪悪感に悩んだりします。その結果、いつもどおりのパフォーマンスができないと、仲間に対しても申し訳なく、自分にも苛立ちます。バチが当たったのかもしれないと、まるで船上のヨナみたいな切ない気持ちになります。1回だけと言っていたのが、1回できたならもう1回いいじゃないか、というのが世の常套手段。本人も嫌いで欠席しているわけではないので、いつのまにかズルズルと部活優先の生活になり、教会の敷居がだんだん高くなり、週1回の顔合わせよりも週6回の汗と涙の絆のほうが強くなり……。

それでも吹奏楽部や合唱部など、文化系ならば教会の音楽集会ではつながっていたり、将来の讃美やクワイアのお役に立つことの投資と考えられたり、クリスマスなどには音楽の好きな部活の友人たちを連れて来たりすることも、少なからずあるものです。

しかし体育集会なるものはあまりなく、将来のご奉仕に直接役立ちそうな将来像も見えず、クリスマス運動会などなおさらなく、運動好きの仲間たちが教会でおとなしく座っている姿すら想像しがたいので、体育会系の部活動、ひいてはスポーツ全般まで、信仰の敵のように思われていることが、日本の教会の中にはしばしば見受けられます。ですから、スポーツミニストリーと聞いても、「スポーツ」と「ミニストリー」は相反するものと考えられて、なかなか結びつけられてこなかったのです。

音楽を奏でる才能、楽曲を楽しむ感性、これらは創造主なる神さまが、私たち人間に特別に与えられた賜物です。私が飼っていた犬は、トランペットや救急車のサイレンなど、ある音域よりも高い音が出ると、一緒に楽しそうに歌って（？）いましたが、音楽の創作活動はできません。体を鍛え、技術を磨き、ルールに則って競うこと、それを観ながら楽しむこと、これもまた人間独特のもので、神さまからの賜物です。タイでは象のサッカーがありますが、芸として覚えただけで、野生の象が勝手にできるものではありません。スポーツや音楽だけでなく、人はさまざまな技術や趣味や芸術や文化を、学んだり、共有したり、共感したり、競ったりしながら楽しむことができるように造られているのです。

中世から教会音楽は発展を遂げ、美術の世界でも偉大な作品が生み出されていきます。讃美歌や絵画は、直接に歌詞や聖書の物語を描くなかで、福音を表現し、また信仰を証

ししていくことができます。特に音楽はほとんどすべての教会において重用され、時代を通じてさまざまに発展しながら現在に至っています。その過程で、この種の音楽は教会にふさわしくないとか、この楽器はだめだとか、教会も歴史の中で葛藤を乗り越えてきました。今も教会を愛される主は、聖霊の感化を与えながら新しい讃美を生まれさせ、宣教のために用いておられます。チャペルコンサートのような集会に異議を唱える方は、ほとんどおられないでしょう。

　さて、本題のスポーツはどうでしょうか。前述したように、ミニストリーとは相容れないからと、埋もれさせてよいのでしょうか。相容れないまま終わらせてしまってよいのでしょうか。そもそも本当に相容れないのでしょうか。音楽も絵画も映像も、使い方を間違えれば世と悪とに取り込まれてしまいかねません。スポーツもそうです。しかしスポーツも、主の栄光が現されるために、信仰者や教会が強められるために、多くの人の心に福音の種を蒔くために、豊かに用いられるのです。そして世界のあちらこちらの国々で、すでにスポーツミニストリーは実践され、研究され、成果を挙げ始めています。この点について、少し考察していきましょう。

　一口にスポーツといっても、そのジャンルはかなり幅広いものがあります。個人でやるジムやウォーキング、ジョギング、スイミングなどでも、仲間ができ、友人になり、折を見て福音を伝えることもできるでしょう。それも含みますが、本書では特に、団体競技、たとえば野球、サッカー、フットサル、バスケットボール、バレーボール、ハンドボールなど（最近ではドッジボールに取り組んでいるところもあります）をいくつか紹介しています。けれども、個人競技にも、またスポーツミニストリーに限らず、囲碁・将棋、釣り、語学教室、生け花、書道、クッキングなど、さまざまな文化活動にも適用できると思いますので、ぜひ参考にしてください。

なぜ、スポーツミニストリーなのか？

　その中で、あえて私たちがスポーツミニストリーに着目して取り組んでいる理由の一つは、今まで取りこぼしていたターゲットがいるからです。スポーツを愛好する元気な子どもや若者たち。静かにCSの礼拝で座っているのがともすると苦手で、教師たちが

少々手を焼く生徒かもしれません。しかし自分で価値があると思ったもののためなら、それこそ体を張って一生懸命やる、エネルギー、バイタリティー、時にはリーダーシップを持った青年たち。教会に行くと、そこに元気なスポーツマンたちもいるとなったら、雰囲気も変わり、世間が教会に持っているイメージも変わってくるのではないでしょうか。

　私は宣教師として、数年台湾で奉仕していました。帰国してすぐ、大阪の堺市に派遣されました。関東で育った者にとっては、カルチャーショックもありましたが、それでも関東よりは台湾に近いように感じましたし、割合すんなりとなじめたかなと思いました。しかし、教会以外の友人・知人は皆無でした。こちらから近づこうとしても、立場が牧師とわかると、いろいろな意味で距離を置かれます。こちら側も無意識に距離を保とうとしていたのかもしれません。3年ほど経ってから、これは自分から打開しなければならない壁だと思い至りました。医者から健康のために運動をすることを勧められていたことも手伝って、地域誌の広告の一つに目が留まりました。

　「毎週月曜19〜21時。500円。一緒に室内フットサルを楽しみませんか？」これなら続けられるかもしれない、と早速参加しました。最初の準備体操から、日ごろの運動不足を思い知らされましたし、後半の練習試合では5分やっただけで足はもつれ、吐きそうになるほどしんどい思いをしました。それでも何とか続けることができ、一緒にやっている人とはすぐに仲良くなりました。最初のうちは、お互いあまりプライベートなことは話しませんでしたが、半年経ったころ、一度みんなでどこか別のところにドライブにでも行って美味しいものでも食べようか、ということになりました。それが日曜だったので、残念ながら不参加の私がクリスチャンであることが知られました。それまであえて言わなかったのです。

　さらに半年後、クリスマスの集会に誘ったことから、牧師であると知られました。これにはさすがに驚かれましたが、いやな反応ではありませんでした。一人だけ、叔父さまが神父だという人がいましたが、それ以外は牧師の友人なんてはじめてで、そもそもクリスチャンの知り合いもはじめてという、普通の人たちでした。しかしすでに1年近く一緒に活動しているので、牧師だからといって急に距離を置く人もなく、むしろ興味

をもって、ときどき教会について、キリスト教について、質問されるようになりました。やがてこのフットサルのグループは、西日本シニアリーグと和泉市の協会に登録するチームを結成することになり、私も選手登録していますが、なぜか牧師は年会費（1万円）免除、という待遇を受けています。このチームの人脈から、現在はボランティアで堺市内のサッカークラブのコーチを週1回、隣接市の小学校のサッカー部の監督として週三回の朝練を指導しています。

　公立の小学校内では、特に厳しく宗教的な活動は控えなければなりませんが、夏のシーホース（別項で紹介）や、クリスマスの時には特別な案内もでき、今まで何人かの子どもや家族が、私たちの教会や近所の教会に出席してくださいました。今年で14年目、この町には200人以上のティーンズ〜20代前半の友人がいることになります。和泉市のチームからは、10年ほどの付き合いの後、家庭の問題をきっかけに相談に来られた方が、イエスさまを信じるようになりました。またシーホースのホームステイを受け入れてお世話くださり、選手と一緒に、年に一度であっても、礼拝に出席「してみる」方々も起こされてきました。

　クリスチャンでない方々と友人になり、親しくなるアプローチの方法として、同じ方向を向いて協力する、という場を与えてくれるスポーツは、たいへん有効な手段です。小学校の監督を頼まれた最初の時は、指導できる教員がだれもいないからという理由でした。しかし今は何人もおられるので、お払い箱になっても仕方がないのですが、子どもたちへの接し方が、若い教員たちに大変良い見本になっているからと続けてほしいと校長先生が言われるのです。教育の専門家ではありませんが、校内で祈れない分、出発前に祈って臨みます。私にとっての生徒は、大切な主の子羊です。一人ひとり大切にしないわけにはいきません。これらの活動は自然に主の恵みを証しする場になっています。体が許すかぎり、機会を与えていただけるかぎり、続けていきたいと願っています。

　週日、火木金の朝練を小学校で、水曜は午後のクラブで、子どもたちと接しながら、「これが自分のチームだったらなぁ」といつも思います。コーチとしての自分を信頼して、元気に「ハイッ」と返事をしながら指導についてくる彼らに、何の妨げも制限もなく福音を伝えることができたら、サッカーだけでなく主の戦士としても訓練できたら、

なんと素敵なことだろうと、夢を膨らませるのです。自分を律すること、克己して継続すること、自分の弱さに素直に向き合うこと、周りの人を認めて心を配ること、心から楽しめること、犠牲の心、率先すること……。一歩踏み込んで、神さまの恵みと関連づけて語ることが精一杯です。ということは、教会の中で、クリスチャン個人として、また一つのチームとしての、信仰の成長のために適用できるということでもあります。

部活動の選択について

　部活動の選択、という冒頭の話に戻りますが、自分が生徒だった40年前と今では違うところも考慮しなければなりませんが、一人ひとりと置かれた状況をよく考察しながら、多少柔軟に対応する必要を覚えます。「神第一」の原則を、物心つく前から教えられる環境に育てていただいたことは、私の人生にとってかけがえのない恵みと感謝しています。ベースを形成する時期と、実践を委ねられる時期とのバランスを間違えると、押しつけで圧迫されていると感じてしまいます。中学生になったころというのが、このバランスの中で細心の注意を要する時期、そして部活という項目は、彼らの学校生活と日常生活において、とても比重の重いものです。できれば、励まし、応援する側に回ってあげたいと願います。

　とはいえ、放っておくわけではありません。私たちは試合やコンクールの時など、どうしてもいつもの集会の時間帯に来られない場合に、日曜の早朝や夕拝、または翌日の月曜の夜に時間をとって、たとえ二人きりの時でも、一緒に礼拝の時を持ちました。息子と二人で日曜早朝の礼拝を持った後に、共にその日のために祈って送り出すことができて良かったと思います。何回かそのようなことがありましたが、部活で覚える規律、挨拶、服従、頑張り、忍耐、達成感、挫折、連帯感、協力、犠牲、責任感、などはほかではなかなか得られない貴重な学びです。前述の、教会生活との両立の葛藤も、この時期に受けられるなら受けさせてあげたい大切な訓練課程だと思います。社会に出れば、もっと厳しい選択を迫られるからです。

　ある国外の宣教師養成学校では、体育と称してバレーボールをします。しかし見ているのは、競技中に現れる個々の人間性です。スポーツに熱中すると、その人の人となり

が顕著に見えるのです。長所・短所だけでなく、宣教師としての適性もわかります。そして何回もしていると、成長する様子も見て取れます。またチームとしては、まとまりを生むこともできます。

　スポーツの持つマイナス面に目を向けて手を引く、という姿勢もあるでしょう。けれどもスポーツの持つプラス面を活かし、伸ばして取り組むという姿勢も取ることもできます。教会内で、また教会間で、いくつかの教会が協力して、周辺にいるスポーツ好きの人たちを巻き込んで、特に若い元気な方々を巻き込んで、教会のプログラムの中にもっともっとスポーツが取り入れられ、用いられて、日本の教会が活性化してゆくことを願っています。

II

スポーツミニストリー事例集

サッカーフェスティバル開催の恵み

池田恵賜

契機となった日韓ワールドカップ

　2002年サッカーワールドカップの時に横浜で行われた宣教について記しておきます。
　私自身、はじめにGoal2002の働きの話が来たときには、あまり大きく考えてはいませんでした。ただ「若い子たちが教会から離れていってしまう現状に歯止めをかけるために、少しは助けになるかな」くらいの気持ちでいました。そのような中で、姫井先生から「韓国十都市の代表の牧師先生方が日本に来られての会議があります。横浜は特に決勝戦の地なので、必ず出席してください」と連絡が入り、出席することになりました。私は、そこで出会った韓国の先生方が、どのようにこのワールドカップのために祈り、取り組んでいるかをお聞きし、今までの姿勢を悔い改めました。先生方の中に、ワールドカップが日本と韓国の共催になるように祈り続けていた方がいました。そして「この世界的イベントは、日本と韓国が真の和解を世界に示す、神さまが与えてくださったチャンスだ」と言われたのです。彼の祈りの仲間は共催のニュースを聞き、その場で涙を流して神に感謝をささげたというのです。今までの自分の取り組みに対する認識の甘さ、そして過去の歴史を通して傷を受けていた韓国の方々からの和解の手を、私は見過ごそうとしていたことに気づかされ、悔い改めに導かれました。
　それから、横浜ですでにあった牧師会を通してGoal2002横浜実行委員会を立ち上げ、私が事務局担当となりました。しかし、どこから始めていいのか、何をどうすればいいのかまったくわからない状態がしばらく続きました。とにかく、全国委員会から「トラクトを作ります」、「伝道用ビデオを製作しています」、「海外ボランティアがやって来ます」、「サッカーチームがやって来ます」、「フェスティバルを企画してください」、「ビッグスクリーンで伝道しましょう」と言われるままの情報を流すのが精一杯でした。そのような中で、徐々にスポーツミニストリーに関心を持つ先生方が加わってくださるよう

になり、横浜で、ぜひフェスティバルをしようということになりました。

日本のスポーツミニストリーの現状

　当時、クリスチャン主催のスポーツ大会はほとんどありませんでした。そのためスポーツをする小学生や中学生は部活や地域のクラブチームに入り、日曜日にも試合が入り、教会に来られなくなっていました。もし教会が力をつけて、一教会では無理でも、いくつかの教会が力を合わせて合同で行えば、チームを作ったり、大会を開いたりすることができるのではないかと思うようになり、そうすれば、この流れに少しでも歯止めをかけることができるのでは、と期待するようになっていきました。

　この働きに関わるなかで、海外のスポーツミニストリーの現状を知ることができました。韓国においては、クリスチャンによるサッカーチームがプロリーグで活躍していたり、南米にも多くのクリスチャンプロサッカー選手がいて、信仰面でもモラルの面でも子どもたちの目標となっていたり、アメリカには毎年若者を訓練しスポーツチームを作って海外宣教のために派遣している大学があるなど、多くの証しを聞きました。日本ではスポーツに打ち込む子どもたちは早くに教会から離れ、信仰を持つまでに至らないのに対して、世界では、信仰と実力の伴った数多くのアスリートたちが生み出され、良き証しをしていることを知りました。

　日本のキリスト教界では、クリスチャンのプロアスリートを育てていく土壌がまだできていないことに気づかされました。そして日本でも、サッカーワールドカップを機に、教会が海外の宣教団体やクリスチャンアスリートたちと協力関係を築き、地域やスポーツ界と関係を築くことができました。そのなかで、キリスト教会が良い影響を与えることができるように、と願うようになりました。そのようにして、ワールドカップ伝道に関わるなかで、スポーツミニストリーの可能性を徐々に理解していきました。

横浜での取り組み

　Goal2002横浜実行委員会では、三つの取り組みを柱に据えました。一つめはボランティアチームの受け入れです。二つめはサッカーチームの受け入れ。三つめはサッカー

フェスティバルの開催です。

　一つめはボランティアチームの受け入れです。「ユースウィズアミッション」や「キャンパスクルセード」などの宣教団体を通して、海外からワールドカップ期間中に1000人近いボランティアが来ることになっていました。実際、韓国、台湾、シンガポール、オーストラリア、アメリカ、イギリスなど、さまざまな国からボランティアがやって来ました。

　各チームが、何ができるのか、通訳者がいるのか、また滞在期間や移動手段を確認して、受け入れ教会を募集することから始めました。受け入れ教会が宿泊させてくれる場合は良かったのですが、そうでない場合は宿泊先からの移動手段も確保しなければいけませんでした。活動は、基本的にその教会の信徒とチームを組んで、伝道用トラクトやCD、ポケットガイド、10か国語聖書（ルカの福音書）、サッカーフェスティバルのチラシなどを競技場や観光客の集まる地域で配布したり、伝道イベントを行ったりしました。サッカーに限らず、海岸に行きサーファーへの宣教も行いました。そのようななかで教会に導かれたり、救われたたましいが起こされたりしました。また、国際交流ということで、小学校や学童やコミュニティーセンターに行き、それぞれの出身国の文化などを紹介し、とても喜ばれ、教会と地域の良い架け橋になってくれました。また、宣教の思いを持って来日したクリスチャンと共に働くことで、教会も活気づきました。

　二つめはサッカーチームの受け入れです。ワールドカップに先立って、韓国のプロサッカーチーム「ハレルヤ」が来日し、横浜での受け入れを手伝うことになりました。シーズンのためのキャンプも兼ねていたので、横浜Ｆマリノスと親善試合を行いました。忙しいスケジュールの合間に、地域の中学校のサッカー部に教えにも行ってくれました。ウォーミングアップのジョギングの時の掛け声で、「僕たちはいつも前のグループが『ハレ』と言い、続けて後ろのグループが『ルヤ』と言って走るんだ」と選手が説明したら、中学のサッカー部員たちが気に入って、数十名による「ハレルヤ」の大合唱のもと、楽しく校庭を何周も回っていました。サッカー部以外の先生方もグラウンドに出て来て、盛況のうちにサッカー教室が進んでいきました。

　ワールドカップ期間中は、アンバサダーズ、クリスチャン・イン・フットボール、シ

ーホースという三つのクリスチャン大学生サッカーチームが来日しました。県の国際交流協会からの後援もいただき、県内の小中高校に出て行って、サッカー教室、文化紹介、英会話など、国際親善の時を持ちました。ある中学校でサッカー部対象のサッカー教室を開いたとき、約束の時間より早めに着いてしまい、グラウンドに行ったところ、校庭で部活をしていた学生が金髪のスポーツマン集団を見て大騒ぎになり、部活どころではなくなってしまいました。しかし、来日した大学生たちは慣れたもので、一瞬にして彼らの心をつかみ、全体を巻き込んで楽しく遊びだしました。ひとしきり遊んだあと、気がつくと私の横に校長先生が立っていたので挨拶をすると、先生は一人の中学生を指さして、「あの一番盛り上がっている子を見てください。彼はこの学校一番の暴れ者で、教師たちも手を付けられない子なんです。あの子、あんなにいい笑顔で笑うんですね」と言って、「ありがとうございます」と握手を求められました。スポーツには、人と人との間に架け橋を作る力があるのだなと感じました。そのほかにも、彼らはいろいろなチームと親善試合をして、教会と今までつながりのなかった学校や団体、チームをつなげる良い働きをしてくれました。

サッカーフェスティバルの祝福

そして、三つめの柱がサッカーフェスティバルの開催です。

もともと実行委員会の中で、このフェスティバルを一回だけの単なるサッカー大会で終わらせたくないという考えがありました。また、サッカー以外でもなるべく多くの人に来場してもらえるようにさまざまな案を出し合いました。サッカー、フットサル（小学生の部、一般の部）、クリスチャン選手を招いてのサッカー教室、キッズゲーム、コーヒーバー、食べ物の屋台、ワーシップ、ショートメッセージ、大道芸、ピエロ、フェイスペインティング、風船、コンサート、フリーマーケット、ストラックアウト、トランポリン、ビンゴ大会、綿菓子、駄菓子、英会話、ドイツ語会話など、家族連れでも楽しめて盛り上がる内容を何でも出してみました。

これだけの内容を横浜市内で行うとなると場所が限られてきます。しかも、なるべく多くの人に来てもらいやすいように、アクセスが良く、音も出せる場所となると学校か

スタジアムになります。一日はドイツからの宣教師のツテで、都筑区にあるドイツ学園を貸していただけることになりました。もう一日は、横浜の中心地の一つ、みなとみらい地区にあるサッカーパークという素晴らしい施設を押さえることができました。これには、Goal2002名誉会長の土肥隆一議員の尽力がありました。ハレルヤチーム来日を通して横浜市のワールドカップ開催担当責任者と知り合っていたことも大きな力となりました。サッカーパークを予約できた翌日には、横須賀米軍基地からゴスペルクワイヤ40人が参加してコンサートをしてくださることも決定しました。しかし、そのことによって問題も生じました。一つは、サッカーパークは人工芝のグラウンドなので、コンサートのためのステージが組めないということ、もう一つは、ステージを組んで、音響をつけると予算が跳ね上がるということがわかったのです。

　当時、サッカーパークの横にはかなり広い空き地があったので、そこに舞台を組むという案が出たのですが、そこは別の会社が持っている土地で借りるにしてもお金がかかるとのことでした。御心を求めて祈っているなかで、神さまは私の中に一人の人を思い起こさせてくださいました。その方は、過去に一度電話でお話ししただけの方でしたが、

なぜか、その人に連絡を取るように示されて、連絡を取ってみました。するとその方が、みなとみらい地区の開発を手がけている会社の専務の方を紹介してくださり、「私自身、以前、その会社の社長でした」と言われたのです。そして、ご紹介いただいた専務の方のご尽力により、なんと隣の土地を無料でお借りすることができたのです。その土地を使って前述のすべてのイベントを行うことができました。

　また、もう一つの問題であった予算ですが、当初は全体で80万くらいに抑えるように考えていましたが、ステージを組んで音響を入れるということで、一気に250万までアップしました。イベントまで2か月を切ったなかでの予算アップです。さすがに委員の先生方のなかにも、それは無理だから規模を縮小したほうがいいという意見が出ました。

　しかし、私の中にはここまでの導きから、不思議と、神さまが必ず必要を備えてくださるという平安があり、委員の先生方にも話して、規模の縮小なしで進めようということになりました。

　そのような中で、サッカーフェスティバルのための祈禱会を持つことになり、そこで証しをしたときに聖霊が働いてくださいました。その祈禱会を通して、参加した方々が、自分たちは今までスポーツ少年たちのために積極的に動いてこなかったこと、その結果、多くの子どもたちが教会を去ってしまっていたこと、いまワールドカップ宣教を通して、それまでつながりを持てなかった人々のところに神さまが扉を開いてくださっていることなど、みな口々に悔い改めと神さまへの期待を告白しだしました。そして、みんなの心が燃やされて、今までスポーツミニストリーに費やしてこなかった分、ここで私たちが立ち上がろうと、その場で予約献金を含めて50万以上の献金がささげられたのです。これが一つの契機となって、次々と主のわざが現されていきました。協力献金として多くの教会がささげてくださり、またプログラム冊子を作成して広告収入も得ました。そのようにして、さまざまな知恵を絞って皆でささげました。その後、予算も膨らんでいきましたが、最終的には収入総額380万で50万以上の黒字を出し、後の横浜でのスポーツミニストリーの働きに大いに役立ったのでした。

　広報も、賜物のある人たちが知恵を出し合い、地域紙やラジオへの投稿が採用され、

市内のさまざまな場所にチラシを置かせてもらうこともでき、とても宣伝効果が上がりました。催事ということで警察署に出向いたり、消防法のことで消防署から許可書を出してもらったり、屋台のことで保健所の指導を仰いだりと、準備は大変でしたが、いろいろと良い経験になりました。

　結果として、二日間のイベントに3000人以上の方々が来場してくださいました。そして、このサッカーフェスティバルを準備するなかで、教会間の協力関係も強まりました。牧師同士だけでなく、教会を超えて信徒同士が信頼関係を築けたことも大きな収穫でした。また、行政や企業に対しても教会の存在をアピールし、教会の持っている国を越えたつながりや、そこにある可能性を示せたのではないかと思います。

　実は、このことに取り組んだことが、翌年に立ち上がるエスペランサ・スポーツクラブに大きく関わっていくのです。

スポーツミニストリーの可能性

　フェスティバルの最後に、神さまが一つの光景を見せてくださいました。それは、私たちの教会の小学生の男の子が、フェスティバルの会場でお母さんのところに喜んで走って行き、「お母さん、友だちの○○くんが聖書を受け取ってくれたよ」と報告している様子でした。彼はシャイで、自分がクリスチャンで日曜日に教会に行っていることを友だちにも言っていませんでした。しかし、そんな彼が友だちをサッカーフェスティバルに連れて来て、ピエロから聖書を受け取って喜ぶ友だちを見て、お母さんに報告していたのでした。まさに、一人の子が宣教の喜びに触れた瞬間でした。スポーツを、福音を伝えるツールとしていくとき、このように開かれていく子どもたちが、日本にはまだまだ大勢いるのではないかと感じています。

元メジャーリーガーによる野球教室

池田恵賜

「元メジャーリーガーによる野球教室」の始まり

　後に「エスペランサ・スポーツクラブ」を立ち上げる転機となった2002年夏に、神さまから与えられたもう一つの出会いがありました。ワールドカップ日韓大会という大きな宣教の機会を生かすために広げていったネットワークを通して日本バプテスト宣教団の大上リチャード宣教師と知り合い、そのリチャード宣教師から、ミッキー・ウェストン氏を紹介していただいたのです。

　ウェストン氏は、ニューヨーク・メッツなどでプレーした元メジャーリーガーで、引退後は野球選手の宣教団体「UPI（Unlimited Potential Inc.）」の国際総主事として世界中を飛び回って、現地の人々に野球を教えながら福音を伝える働きをしておられました。

　日本では、野球は、サッカー以上の歴史と競技者層の厚さを持つ国民的スポーツですが、福音宣教という視点で見ると、ほとんど未開拓の領域でした。日本のプロ野球には「助っ人外国人」として、多くの選手がメジャーリーグから来てプレーしています。その中には自分の信仰を証しするクリスチャン選手もいますが、一般には、そのような選手の存在はあまり知られていませんでした。

　私は、この野球というスポーツにも宣教のツールとしての可能性を感じたので、早速、ウェストン氏を横浜にお招きして、主に地域の野球少年を対象に野球教室を開くことにしました。ウェストン氏は、日本の球団に所属している現役選手ともコンタクトがあるので、その中の一人をゲストコーチとして連れて来てくださることになりました。

さまざまな困難を乗り越えて

　野球少年たちが、大好きな野球を通して、それも憧れの選手たちから福音を聞くことができれば、どれほどインパクトがあるだろうか……そんなことを期待しながら準備を

始めましたが、私たちの地域で実際に野球教室を開くのは簡単ではありませんでした。

　まず直面したのは、グラウンドの問題でした。今でこそ、私たちの教会は「エスペランサ」のために専用の人工芝グラウンドを持っていますが、当時はまだそれがなかったので、公共のグラウンドを借りることを考えました。しかし、一般開放されているグラウンドは、時間帯ごとに区切って抽選で利用者を決める方式で貸し出しているので、こちらの希望する日程で一日中使うということはできません。

　そこで、以前から私たちの教会がお世話になっていた町内会長さんに相談したところ、地域の少年野球チームが主に使っている非公開のグラウンドの管理者の方を紹介していただきました。その方に趣旨を説明したところ賛同してくださって、夏休み中の平日の丸一日、そのグラウンドを使わせていただけることになりました。

　この方は、私たちが毎年、野球教室を開くようになってからも続けて協力してくださ

り、グラウンドの使用日程を調整してくださるだけでなく、開催当日には、仕事の合間にスタッフへの差し入れを持って見に来てくださいます。

次に直面したのは、そもそもこの企画自体を信用してもらえないという問題でした。地域の一教会が主催する行事に元メジャーリーガーが来て、しかもシーズン中にもかかわらず現役プロ野球選手を連れて来るというのは、野球を知っている人ほど信じられないことでした。

これは別の時の話ですが、新横浜駅近くでホールを借りてクリスチャン選手たちによる講演会を開いたときに、事前に案内をしていたのに、聴衆がたった一人だったことがありました。それでは集会にならないので、予定を変更して駅前でトラクト配布と路傍伝道をすることにしました。選手たちも、快く街に出て一緒にトラクトを配ってくださいました。その中には、当時、読売巨人軍の一軍でプレーしていた選手もいました。それでも、ほとんどの通行人たちは、無関心に素通りして行きました。そんな有名な野球選手がこんな所でチラシ配りなんかしているわけがない、と思われたのでしょう。

しかし、その日、その巨人軍の選手は、帰り際に私にこのように言ってくれました。

「今日は、日本に来てから一番楽しい日だった」

私は、一流のプロ野球選手にトラクト配りの奉仕をさせてしまって申し訳ない気持ちでいっぱいでしたが、彼のようなスター選手がこんなに喜んで神さまに仕える姿に大いに励まされました。

元メジャーリーガーによる野球教室を開くにあたって、もう一つ、ふさわしい通訳者を見つけるのが難しい、という問題がありました。野球の基本的な技術指導を１～２時間かけて行い、最後に選手の証しとウェストン氏による福音のメッセージ、というのが野球教室の基本的な流れなのですが、これらはすべて英語で行われます。野球で使う言葉には専門用語や独特の言い回しが多いので、野球少年たちにわかりやすく訳すには、通常の通訳技術に加えて野球についての知識が必要です。一方で、証しとメッセージの通訳は、クリスチャンでなければできません。

この時は、私の家族のツテで英語が堪能で野球にも詳しいクリスチャンでない方に技術指導の部分の通訳をお願いし、証しとメッセージの通訳は私がしました。後に、この

活動を続けていくなかで、アメリカに住んでいた経験があって、しかも日本の高校の野球部に所属していたこともある神学生に出会うことができ、その方に通訳をお願いするようになりました。

　こうして、第1回の元メジャーリーガーによる野球教室を2002年8月29日に横浜の本郷台で行いました。午前・午後の2部合わせて、小学生から大人まで合計62人が参加しました。元メジャーリーガーや現役プロ野球選手と直接触れ合いながら野球をすることができて、皆、大喜びでした。

継続することで得られた収穫

　それから1年余りが過ぎた2003年秋、私は、アテネで行われたスポーツミニストリーの国際会議でウェストン氏に再会しました。

　そのとき、ウェストン氏から、日本でプレーしているクリスチャンプロ野球選手の霊的なフォローの必要についての話を聞きました。そこで、私は「もし、そのような事情で来日する機会があるなら、その時には、また本郷台に来て子どもたちに福音を伝えてほしい」と言いました。

　すると、ウェストン氏は、翌年から毎年、日本で野球教室を開くために、夏の忙しいスケジュールの合間を縫って本郷台に来てくださるようになりました。すぐに、私たちは「ミッキー」「ケイシ」と呼び合う親しい友人になりました。また、私だけでなく、本郷台の多くの教会員たちもミッキーを慕っています。ミッキーも本郷台キリスト教会を"Japanese Home"と呼んでくれています。

　本郷台で行う野球教室では、なるべく多くの教会の若者たちに奉仕してもらうようにしています。1回の野球教室を開くために、準備、片づけ、受付、球拾い、写真撮影、選手の接待、送迎、通訳など、多くの奉仕者が必要です。スポーツが苦手な子でも、それぞれの賜物を生かして奉仕することができます。実際に、野球のルールもほとんど知らない女性たちが何人も、野球教室を通して子どもたちに福音を伝えるために、喜んでこの働きを支えてきてくれました。

　私たちは、この野球教室を通してより効果的に福音を伝えられるように、さまざまな

工夫をしてきました。

　たとえば、はじめに野球教室の参加者と選手の集合写真を撮影してすぐに現像し、最後にその写真を貼った修了証を参加者一人ひとりに配るようにしました。その修了証には、自分の名前と選手のサイン、そしてみことばが印刷されています。参加者たちにとって、それは大切な記念の一枚になります。

　また、野球教室の最後に、参加者たちが選手からサインをもらうことができるのですが、そのときにクリスチャンのプロ野球選手の証し集を配ることにしました。すると、参加者の多くが、その証し集にサインをしてもらうようになりました。彼らは、家に帰ってその証しを読み、これも記念の品として大切にとっておくことでしょう。

　野球教室のやり方も、試行錯誤を繰り返してきました。長い時間を選手たちと共に過ごせるようにと、グラウンド付きの合宿所を借りて1泊2日の「ベースボールキャンプ」を行ったことがありました。そのような遠方まで出かけて行く企画だと参加者が集まりにくいので、半日ずつ3日間、日帰りで参加できる方式で行ったこともありました。

　その後は、このような企画を本郷台だけで行うのはもったいないので、関東周辺のほかの教会にも呼びかけて1週間の間に何か所も回って行うようになりました。2008年からは関西、2011年からは東北でも行うようになり、活動範囲が広がっていきました。

　そして、実際に、何人もの人たちがこの働きを通して救われていきました。小学5年生の時にはじめて野球教室に来たある男の子は、それから教会に来るようになってイエス・キリストを受け入れ、翌年の本郷台での野球教室の日にミッキーから洗礼を授けてもらいました。そして、中学生、高校生と成長していき、彼はこの働きを支える大切な奉仕者の一人になりました。今では、彼の家族も救われています。

神は人材を備えてくださる

　はじめのころ、私は「エスペランサ」のように、信仰的にもしっかりした一流の指導者がこの働きに献身して、地域の野球少年たちに野球を通して日常的に宣教ができる働きを立ち上げることを願っていました。けれども、神さまは、野球の世界に対しては、また別のご計画を用意しておられるようです。

　これまでに多くのクリスチャンのプロ野球選手たちがこの活動に協力してくださいました。特に、2007年からソフトバンク・阪神・ロッテでプレーしたジェイソン・スタンリッジ投手と2010～2015年に阪神でプレーしたマット・マートン選手は、私たちに大きな刺激を与えてくれました。二人とも、一流の野球選手であり、敬虔なクリスチャンです。

　彼らは、野球教室だけでなく、私たちの教会の礼拝でも語ってくれましたが、何よりも、彼らが試合で活躍した後、ヒーローインタビューで発する「イエスさまは私の力です」の言葉は、日本のプロ野球ファンに大きなインパクトを与えました。

　2006年夏、アメリカのシカゴにあるホイートン大学の野球部が、日本に宣教旅行に来て2週間ほど東京に滞在し、周辺の大学の野球部と交流試合をしました。そのうちの

　1試合は、私たちがコーディネートしました。
　その時のメンバーの一人が、小学生の時にお父さんの仕事の関係で東京に住んでいたこともあって、日本宣教に対して熱い思いを持って、翌年の夏休みに一人で来日し、前年に試合をした大学の野球部の練習に参加させてもらいました。そして、卒業後に、スポーツ宣教団体「FCA（Fellowship of Christian Athletes）」から宣教師として日本に派遣されて来ました。
　その彼、ウィル・トンプソン宣教師は、マートン選手とは以前からの親しい友人で、そのほかのクリスチャン選手たちとも良い関係を築いて、彼らが霊的な面でも整えられて最大限の力を発揮できるように励まして回っています。今はシカゴ・ホワイトソックスのチャプレンであり、UPIの総責任者となったミッキーが、メンターとしてウィル宣教師の働きを具体的に指導しています。
　ウィル宣教師は、これから、私たち日本の地域教会とUPI、またクリスチャン選手たちをつないで、日本での野球を通した福音宣教を前進させるために、ますます良い働きをしてくださることでしょう。

拡大するエスペランサ・スポーツクラブ
佐藤賢二

クラブチームとしてのエスペランサ

　神奈川県である程度のレベルでサッカーをやっている若者で、エスペランサについて知らない人はいないと思います。

　エスペランサは県内屈指の強豪チームとなり、今や関東大会の常連となりました。小学生のサッカースクールから、中学生、高校生、社会人、女子のチームまですべての年代のチームを持ち、それぞれがプロのサッカー選手になることを目指してサッカーに取り組んでいます。自前の人工芝のグラウンドがあり、アルゼンチンのＳ級ライセンスの指導者たちが日々子どもたちと向き合っています。エスペランサのメンバーは、どんな試合でも、フルの力を発揮して戦います。どんな敵が相手でも、「絶対できる」と信じきっているのです。「負けてもしようがない」などという雰囲気はまったくありません。試合会場は独特の盛り上がりを見せ、その迫力に魅了されたサポーターたちは熱狂的にチームを応援しています。社会人チームは関東リーグに昇格し、全国大会にも出場するまでに成長しました。アマチュア最高峰のＪＦＬ入りを目指し、将来のＪリーグ入りも視野に入れています。

　エスペランサには他のサッカーチームとはどこか違うところがあります。ユニフォームには大きな十字架。試合前にはグラウンドでひざまずいて祈る。大切な試合で勝利した後には、監督がサポーターの前に出て感謝の祈りをサポーターと共にささげている。多くの社会人チームと違い、試合後に飲み会に行くわけでもなく、ひたすら真摯にサッカーに打ち込んでいる。

　毎週グラウンドで聖書からのメッセージが語られ、選手には毎日メールやＬＩＮＥでデボーションメッセージが届く。怪我や病気の選手と共にチャプレンやスタッフが祈り、イースターやクリスマスにはみんなで集まって主を礼拝する。信じること、尊敬するこ

と、感謝することの大切さが繰り返し語られ、100名以上の信仰決心者が与えられている。

スポーツミニストリーとしてのエスペランサ

　スポーツミニストリーの事例として今のエスペランサを見るとき、「自分たちにはできない」と簡単に結論づけてしまう人もいるかもしれません。しかしこのエスペランサも、Goal2002を通して目が開かれたスポーツミニストリーのビジョンと祈りの中で、主が開いてくださった道を一つひとつ、信仰を持って選び取ってきた結果です。振り返ってみると、困難や戦いのほうがはるかに多かったと思いますが、主は着実にその祝福の実を与えてくださっています。

　私がチャプレンとして本格的にエスペランサに関わるようになったのは、2008年からです。それまで私がユースミニストリーに関わっていたときは、どちらかというと勝負の世界とは真逆の環境にいて、とにかく若者の受け皿としての居場所を提供することを第一に考えていました。エスペランサも、教会の働きの一部分として、同じようなアプローチで取り組めばよいかと思っていましたが、すぐにそれをそのまま適用するのは難しいということが見えてきました。

　スポーツミニストリーについて話をするときに、よく使われるマトリックスがあります。横軸にはスポーツのレベル、縦軸には宣教の度合いが書かれます。このマトリックスでは、左側にレクリエーションとしてのスポーツ、右側は競技としてのスポーツが来ます。そして下は未信者への伝道であり、ちょうど真ん中が信仰決心、上がキリスト者としての弟子訓練という形です。

　教会を中心としたスポーツミニストリーというと、左側をターゲットとした、レクリエーション中心のものが多くなると思います。だれもが一緒に楽しむことができて、共に楽しい時を過ごし、友情を深め、自らの信仰を伝える機会が来ることを願って活動を進めます。活動の中心は教会員なので、真ん中よりも上の人が多くなり、真ん中よりも下の人たちとの接点をそこで作り、福音を伝えるというやり方になるでしょう。それも

素晴らしい可能性を秘めた働きですが、そのような「だれでもOK」というレクリエーションでは魅力的に感じない人もいます。高いレベルでスポーツをしている人にとっては、「だれでもOK」という場は、ほんの息抜き程度にしかなりません。

　その点、エスペランサは、明らかに右側をターゲットとしたミニストリーです。選手たちの生活の中心はサッカーであり、そこに打ち込んでいます。彼らがエスペランサを選んで入団したいと願う主な理由は、サッカーが強くなりたいからです。彼らには、彼らの独特の文化と考え方があります。これはむしろ、同じ地域に住んでいながらまったく別な世界である「スポーツの世界」に住んでいる人たちに向けた「世界宣教」の働きなのだと私はとらえるようにしています。

　世界宣教である以上、私たちはまずその世界に住んでいる人たちの文化を知るところから始めなければなりません。彼らの生活に対する理解とリスペクトが必要であり、スタッフは彼らの夢の実現を全面的に応援します。彼らの人生そのものであるサッカーという世界で共に喜怒哀楽を味わい、彼らの人生のさまざまな側面に寄り添い、あらゆる機会を通じてキリストの福音の種を蒔きます。彼らが教会の文化に合わせるのではなくて、教会が彼らの世界に出て行くのです。その結果、おそらくエスペランサと出合わなければ一生福音に触れるチャンスがなかったであろう、多くの若者たちに対してアプローチすることができます。

　教会がスポーツミニストリーに取り組むときに大きな壁となることの一つに、「日曜日問題」があります。これに関しては、どのような方法にも一長一短があります。エスペランサでは、彼らが日曜日に教会か試合かという戦いを覚えなくてはならないようなやり方はふさわしくないと考えました。そこで、私たちが今取り組んでいるのは、教会の礼拝を彼らの現場に持っていくというアプローチです。毎週金曜日のジュニアユース（中学生）の練習前をバイブルタイムとして、聖書のメッセージを語っています。信仰の決心をした子たちにも、まずはここを自分の礼拝としてとらえて真剣に受けとめるようにと指導しています。また、隔週ぐらいで、トレーニングルームに移動して教会の訓練生たちと交わる機会を設けています。まだ試行錯誤の領域を出ていませんが、この礼

拝がさらに充実したものに変えられるよう、取り組んでいきたいと考えています。

オルテガさんとの出会い

エスペランサをオルテガさん抜きに語ることはできません。オルテガさんは、元アルゼンチン代表のサッカー選手で、アルゼンチンで最高のＳ級ライセンスを持つ指導者です。その経験と情熱はエスペランサのいのちであり、私たちもそこから学ぶことがたくさんあります。

すべてのカテゴリーの練習や試合に顔を出し、400人近くいるメンバーの一人ひとりの名前を呼んで的確な指導を行っています。練習時間外にはグラウンド周辺の草刈りをしたり、防球ネット、トレーニングルームなどを自作したりして、選手たちに最高の環境を提供するよう、率先して仕える姿を見せてくれています。祈りの人であり、また行動の人です。そしてすべての会員、また保護者たちにとって、厳しくて温かいお父さんのような存在です。

オルテガさんが日本に来た経緯はこうでした。

「日本は経済的には豊かなのに、若者の自殺者数は世界一である」

　この衝撃的な報告を聞き、敬虔なクリスチャンであるオルテガさんは心を痛めました。そして自分が経験してきたことを通して何かしたいと考え、引退後、日本でサッカーの指導をすることを決意したのです。導かれるまま鳥取で５年間サッカーの指導にあたり、見事全国レベルのチームにまで育て上げました。しかし、そのための犠牲は大きく、心身共に疲れ果てた彼は、アルゼンチンへと帰って行きました。

　帰国後、名門ボカ・ジュニアーズの育成コーチなどを務め、さらなる経験を積んでいましたが、あるとき、友人の牧師から「あなたはまだ日本でやり残したことがある」とのメッセージを受け取ります。そのときから、彼の心は再びズキズキと痛み始めたのだそうです。

　ちょうど2002年、日韓ワールドカップが開催されていた時でした。オルテガさんは、母国チームの観戦を兼ねて、日本を再び訪問することを決意します。しかし、アルゼンチンチームは、大方の予想に反して予選で敗退し、オルテガさんの来日と同時に帰国してしまいました。途方に暮れた彼が、かつて日本にいたときの友人の宣教師に連絡を取ると、Goal2002でスポーツミニストリーに熱心に取り組んでいる本郷台キリスト教会の池田恵賜牧師と会うことを勧められます。

　池田牧師と会って話をすると、お互いのビジョンが共鳴し、確かな神の導きを感じました。

　そこで池田牧師は、オルテガさんと長男のグスタボ君の二人にはしばらく教会に宿泊してもらうことにし、サッカーフェスティバルで作った人脈も活かしながら、すぐさま、地域の子どもたちのために数回のサッカー・クリニックを開催しました。オルテガさんの指導は、質が高いだけではなく楽しくて内容も濃いと評判です。参加した子どもたちの目がキラキラと輝いていて、親や各チームのコーチたちも喜んでいるのがよくわかりました。

　ある女性の未信者のご主人は、かつて自分もサッカーをやっていて、南米のサッカー

が好きでオルテガさんの大ファンだったそうです。そしてエスペランサの働きを喜んで手伝ってくれ、やがて救われ、洗礼を受け、今では理事としてエスペランサの働きを支えていてくれています。また、オルテガさんは滞在期間中、教会から離れてしまった若者たちともコンタクトを取って、彼らが教会に戻ってくるきっかけを作ってくれました。

このようにして、素晴らしい成果を残してオルテガさんはアルゼンチンに帰って行きました。教会員の間で、ぜひオルテガさんのご家族を日本にお招きして、サッカースクールをスタートしたいという声が起こり、準備委員会が発足されました。オルテガさん家族の受け皿として経済的な保証をすること、地域に対して信頼される組織を作ることという観点から、NPO法人を設立することになりました。経済的には、発起人となった教会員をはじめ多くの方が献金をし、1000万円以上の基盤を作ることができました。またこちらからの誠意を表すため、池田博主任牧師と池田恵賜牧師とで、アルゼンチンのオルテガさん家族を訪問しました。そしてついにその年の12月末、オルテガさんは家族と日本に来日しました。翌2003年、特定非営利活動法人サッカースクール・エス

ペランサ（後に特定非営利活動法人エスペランサ・スポーツクラブと改名）として、サッカースクールを開始したのです。地元のサッカー協会の協力も得られ、野七里のグランドを拠点として活動を始めました。

しかし、サッカースクールを開始しようとした矢先に、オルテガさんの持病の潰瘍性大腸炎が悪化し入院。実際のスクール開催も危ぶまれるなか、必死の祈りに追い込まれ、そこでオルテガさん頼みにしていた姿勢が悔い改められました。これはオルテガ・サッカースクールではなく、神さまがスタートされたスクールなのだということがはっきりと語られました。結局1か月遅れで2003年5月からサッカースクールのスタートとなりましたが、これも神さまからの大切なレッスンでした。

エスペランサの働きの広がり

その後、スクールは着実に充実していき、2005年にジュニアユース（中学生）、2011年にトップ（社会人）、2012年にユース（高校生）、2013年に女子チームを立ち上げました。ジュニアユースは一時関東リーグに所属するなど、神奈川県の中ではJリーグのユースチームに匹敵する強豪にまで成長しました。

環境面でも、何度も主のみわざを見せていただきました。2008年に野七里グランドの所有者が土地の売却を決定し、すべての利用団体が一旦使用を停止させられたことがありました。ちょうどその時、本郷台キリスト教会は、平和台チャペルが道路用地として収用されることになり、移転先を探していました。そこで教会は、この野七里の土地の購入を決断したのです。エスペランサが練習場所に困ることはなくなりました。また2013年には、小規模ながら人工芝のグラウンドが完成。エスペランサの会員はもちろん、地域の皆さんにもたいへん喜ばれています。

また、エスペランサは「総合型地域スポーツクラブ」として、サッカー以外のスポーツにも取り組むようになっています。もともとチャーチスクールの放課後の活動として行っていたダンス教室を発展的にエスペランサに取り込んでスタートしたのをはじめ、ゴスペルフラ、卓球など、教会でミニストリーとしてすでに活動していたところと協力しながら、少しずつ形を整えています。

総合型地域スポーツクラブとは、地域の多くの方々が参加できるようにさまざまなスポーツを取り入れたクラブのことで、国の施策として推進されています。総合型地域スポーツクラブ設立のことで体育協会に相談に行ったときに言われた言葉が非常に印象に残っています。「あなたたちは、地域を背負って立つ覚悟はあるのですか？」 これはまさに、地域教会として本郷台キリスト教会が地域に対して取り組んできた問題意識そのものでした。私には、神さまがわざわざ行政の口を通して、単にスポーツを提供する場所ではなく、地域コミュニティーの問題を共に解決したり、交流を図ったりする場を設立するようにと促しておられるように思えました。私たちは、単なるスポーツクラブを作っているのではなく、「グラウンドの形をした教会」を作っています。グラウンドの形をした教会とは、神を愛し、隣人を愛し合うコミュニティーのことであり、スポーツがそのツールとして用いられています。そんな姿を思い描きながら、今日も活動しています。

エスペランサのビジョン

エスペランサのビジョンは以下のことです。

(1) クリスチャンのプロサッカー選手の輩出
(2) クリスチャンのプロサッカーチームの設立
(3) スポーツ宣教師、サッカー指導者、クリスチャンコーチの育成と派遣
(4) フルサイズのサッカーグラウンドとクラブハウス（コミュニティーセンター）の建設

エスペランサとは、スペイン語で「希望」を意味します。ここでの活動が、人々の希望となり、日本の宣教の希望となり、主に栄光を帰していくことができるようにと心から願っています。

どきどき・わくわく「キッズゲーム」
金子道仁

1　キッズゲームとの出会い

　私たちがキッズゲームに関わった経緯から、まずお話ししたいと思います。2011年4月、東日本大震災が発生して1か月後、私は横浜の本郷台キリスト教会を訪問していました。当時、関東では計画停電が実施されており、生まれ育った横浜の町も薄暗い印象で、関西から来た者には震災のとても重い雰囲気を感じていました。本郷台の池田恵賜牧師とお話しして、何かお手伝いできることがあれば何でもします、とお伝えしたとき、真っ先に依頼を受けたのがキッズゲームキャンプの代替地開催でした。当時は、いったいどんなキャンプか皆目見当もつかず、とにかく関東の教会を助けるためという目的だけでスタートしましたが、その後、現在に至るまで6年連続でキャンプを開催することになり、年々規模も拡大し、奈良県の曽爾高原で開催した昨年のキャンプには関西を中心に20以上の教会から120名が参加しました。

　キッズゲームは、スポーツミニストリーの中でも、専門知識や特別なスポーツの能力を必要としない、最も簡単に実施できる働きです。工夫と愛情を加えれば、子どもたちにとって特別楽しく印象深いキャンプとなります。皆さんもこれまで数多くの教会キャンプを実施した経験をお持ちのこととは思いますが、以下の内容が何か役立つものとなれば感謝なことです。

2　従来のキャンプとの違い

(1) Learning through Fun !

　このキャンプは、文字どおりゲームやスポーツをふんだんに盛り込んだキャンプです。運動が好きな子も、苦手な子も、思いっきりキャンプを楽しんでもらうことを目的としています。子どもたちは、楽しいことが大好きです。思いっきりエネルギーを発散して、

大きな声を張り上げて、集中して、興奮して、ゲームやスポーツをすることが大好きです。そして、こうした活動を通して、多くのことを学ぶことができます。キッズゲームキャンプの根本は、"Learning through Fun！"「楽しみながら学ぶ」ことです。

　毎年、運動が苦手な子でも参加できますか、という質問を受けます。大丈夫です！私は、運動が苦手な子も、ゲームやスポーツが好きな子はたくさんいると思います。ただ、失敗して馬鹿にされたり笑われたりすることがいやで、避けているのではないでしょうか。ゲームの中で年長者と年少者を区別してルールや難易度を変え、どんな子どもでも必要であり楽しめるような内容のゲームを複数用意するなどして、参加者みんなが楽しめるキャンプを作っていきます。

（2）キャンプに一貫したテーマ

　キッズゲームキャンプには、キャンプを通したテーマが設定されますが、すべてのプログラムがこのテーマに沿って構成され、最終的には参加者がみことばや聖書的価値観をしっかりと理解し実践するようになることを目指します。テーマとしては大きく、①聖書ベース、②バリュー（聖書的な価値観）ベース、の二つに分類されます。

　クリスチャンホームの子中心のキャンプであれば、①の聖書ベースのテーマ、たとえば旧約聖書ヨセフの物語から、不公平な扱いにどのように忍耐強く対応すべきか、といった内容を学ぶことができます。その際、あえて一方のチームが不平等になるようなルールを適応してゲームをしてみてから、ゲームの後で振り返りの時間を持って、その時の気持ちやどう対応すべきかなどを話し合ったりして、ゲームから学びへとつながっていきます。ゲームを単に気分転換や遊びのプログラムとするのでなく、キャンプのテーマの学びの一環として位置づけ、学びを深めるきっかけとして用いていきます。

　他方、教会外の子どもたちをキャンプに招くのであれば、あまり「聖書的」なテーマや内容は敬遠されるかもしれません。しかし、聖書が教える「価値観」たとえば愛、寛容、親切などは、子どものキャンプのテーマとして非常に適切であり、教会外でも受け入れやすいテーマです。キャンプへの参加者によっては、こうしたテーマを選択してプログラムを構成することも可能です。

(3) ゲームに隠された役割

　ゲームキャンプにはゲームがたくさん盛り込まれますが、全部同じ目的で実施されるのではありません。場面に応じてゲームを使いわけ、プログラムをスムーズに進行させ、またテーマに導いていきます。

① **ファン・ゲーム**：単純に楽しいゲームです。キャンプの最初のセッションで多く組み込み、子ども同士の親睦を深めていきます。アイスブレークや気分転換に用います。

② **ラーニング・ゲーム**：テーマに関連したゲームです。通常は何回かゲームを繰り返すなかで、より良い「戦略」を見つけ出し、どうすれば勝つことができるかを考えるなかで、受け取ってほしい「価値観」や「気持ち」を発見します。ゲームの後でリーダーを中心に振り返りの時間を取り、何が大切だったのかをみんなで考えます。

③ **エクスペリメンタル・ゲーム**：テーマに関連したゲームです。ゲームを通して「価値観」や「気持ち」を体験し、テーマへの理解を深めていきます。このゲームにも振り返りの時間を持つのが適当です。

④ **ステーション・ゲーム**：各チームが複数のゲーム・ステーションを回り、チームが協力してステーションをクリアしていくことを楽しみます。すべてのステーションに共通のテーマがある場合や、テーマが異なる場合もあります。

⑤ **コンペティティブ・ゲーム**：キャンプ全体でチーム分けをして、得点を競っていきます。チームごとに得点を集計することで、終盤に向かってキャンプが盛り上がっていきます。ただし、ゲームごとの順位で得点が与えられるだけでなく、たとえば、どのチームが一番早く整列できるか、静かに集合できるか、仲間を励ますことができるか、こうした「良い態度」にも高得点を与えることで、単にゲームが上手なチームが勝つのではなく、「良い態度」や「優れた人格」が評価されることを、子どもたちに理解してもらい、実践を促します。特にゲームの中で、子どもたちは「ずるをする」誘惑に駆られます。主を恐れ、ルールに忠実に従う子どもたちに対しては、しっかり評価する必要があります。同時に、きちんとジャッジするスタッフも必要です。

（4）テンポの良さ、リズム

　海外のキッズゲームキャンプを見て受ける印象は、そのテンポの良さです。子どもたちは、集中できる時間が長くありません。テレビなどでも15秒ごとに新しいCMが流れ、次々に情報を伝えていきます。ですから私たちもキャンプのリズムを大切にし、子どもたちを待たせたり飽きさせたりしない工夫が必要です。

　たとえば、ゲームの説明をするときは、大人がデモンストレーションをして子どもたちに楽しく見本を示したり、ルール、ダメな例を事前に明確に伝えたり、キーワードを子どもたちに復唱させたりします。

　また、プログラムの担当者は次々交代していき、プログラムに間ができないように工夫します。もちろん、適当な休憩時間は不可欠ですが、意図しない間ができるだけ生じないように、次の担当者は前プログラムの終了に「覆いかぶさる」ようにして子どもたちの前に登場するようにします。そのためにも、全体の司会者、ゲームマスター、チームリーダー、賛美リーダー、メッセンジャー、スキットチーム、サポートグループ、音響・映像などの役割分担とチームワークが重要となります。

3　キッズゲームキャンプとこれからの地域の子ども伝道

　これまで実施してきたキッズゲームキャンプは、主に教会員の子弟を対象とし、一部その友達が参加するという形でした。しかし海外では、キッズゲームキャンプは主に地域の子どもたちを対象とする伝道プログラムとして用いられており、多くの参加者を得ています。日本では、各教会が行うキャンプの中で、地域の子どもたちがたくさん参加しているキャンプが年々少なくなってきていると感じます。教会と地域の子どもたちとの関わりが、年々薄くなってきているのではないかという危機感があります。私たちの教会では、キッズゲームキャンプを、教会を拠点とする数日間のデイキャンプに模様替えして、地域の子どもたちが日帰りで部分参加もしやすいプログラムに変更することも考えています。「子どもたちをわたしのところに来させなさい」という主の御心を実践するプログラムとして、日本中の教会が子どもたちでいっぱいになるように、キッズゲームキャンプも用いていただければと願っています。

つくづく、夢は大切だと思います。
夢のない人に理想はなく、理想がなければ信念が生まれません。
信念がなければ計画が立たず、計画がないと当然実行はなく、成果もないからです。
　　　　　　　　　元重量挙げ選手　三宅義信
　　　　　　　　　　　　　　（出典）心の常備薬

真剣勝負のフットサルミニストリー

桃井　亮

フットサルミニストリーのはじまり

　"Thank You Jesus Cup" という名前で、関西を中心とした教会のフットサルチームを集めて年に一度夏に大会をしています。2011年からスタートし、2016年で6回目。過去には東北からの参加もあり、毎年中部地方からも参加があります。約10教会が集まって和気あいあいというわけではなく、かなり真剣勝負で行われています。参加教会のメンバーのうち、半分ぐらいはクリスチャンではない、サッカーが好きな人たちです。大会は、祈りで始まり、祈りで閉じられますから、最初と最後はキリスト教会主催だとわかるのですが、試合中はヒートアップし、闘争本能むき出しの人もクリスチャンであるかどうかを問わず大勢います。また、この大会に若者を送り出してくれている教会の牧師もいますが、牧師自ら参加する教会もあります。いつもは見ることのできない牧師の一面を見ることができる場となっています。参加する人以外にも、教会から応援に駆

けつける人たちもいて、毎年フットサル場には、200名ほどが集まります。

　最初に大会を始めたのは、大阪南部の狭山市にある全面人工芝のフットサル場でした。ここで開催されている一般のフットサル大会に教会のチームとして何度も出場していたこともあって、フットサル場の運営者とも顔見知りで、大会運営と審判などすべてを任せることができました。教会の名前が、「ジーザス・カフェ・ハウス」で参加していましたから、フットサル場の人や他チームからは、クリスチャンとしては恐れ多いことですが、自然発生的に「ジーザスさん」と呼ばれています。規模が大きくなり、参加地区も広がったこともあり、2015年からは、立地的に多くの場所から集まれるようにということで、兵庫県尼崎市のフットサル場で開催しています。

スポーツを通して与えられた出会い

　この働きが始まったきっかけは、私がBFP（ブリッジス・フォー・ピース）の若手牧師を集めたイスラエルツアーで細江誠貢牧師（可児福音教会）と出会ったことでした。彼は無類のサッカー好きで、中部地方の教会ともコネクションがあったため、一度関西と中部合同でフットサル大会をしよう！ ということで開催しました。Thank You Jesus Cupという名前も、牧師や伝道師仲間でオーナーズリーグという野球のネットで対戦するカードゲームを1年ほどしていたのですが、そこでの試合名を使いました。サッカーだけでなく、野球好きの牧師もいます。私自身もスポーツは好きですが、本職はサッカーではなく、柔道です。高校の時から始めた柔道ですが、大学時代も続け、健康のためにと道場に通っているうちに、今は堺市南区にあるミズノが運営する鴨谷台体育館の柔道スクールで週に2回小学生を教えています。教え子には、全国大会に出場する子もいます。

　最近あった出来事ですが、大阪府大会に出る将来有望な中学生3年生の男の子に寝技の稽古をつけているときに、「先生、仕事は何してるんですか？」と聞かれました。「キリスト教の牧師をしてるで。でも、牧師って言うてもわからんか？」と伝えると、「知ってますよ。僕も教会に通ってるんです。聖書も読んでて、キャンプにも毎年行ってます」というびっくりする返事でした。私以上に、彼がクリスチャンの柔道家に出会えた

ことを喜んでいました。クリスチャンで同じ競技をしていることほど励ましはありません。また、こんな出会いもありました。アメリカで救われて教会に来た、太ももぐらい腕の太い若い男性と話をしていると、私の教えている柔道スクール出身でした。彼は、中学から柔道推薦で名門校に行ったのですが、相次ぐ怪我により高校卒業後渡米し、そこでクリスチャンになったというのです。中高時代は毎朝お経を唱える仏教系の学校でしたが、真理を求めるなかで、最終的にイエス・キリストに出会いました。教会のある場所が彼の地元であり、また私を慕ってくれて、今は教会の礼拝でギターの奏楽をするなど中心メンバーとして活躍しています。

　教会の男性は、居場所を見つけることが困難な場合があります。女性の場合、テーブルを囲んでお茶やコーヒーを飲みながら話をしていることで充実感があるようです。教会にいてもゆっくりお茶を飲んだりすることで、お互いを知り合うことができます。しかし、男性の場合は同じようにはいきません。手持ち無沙汰になり、特に自分から話を

することも難しい人が多いように感じます。男性の場合は、何かを一緒にすることでお互いを知り合うことができます。共同作業を通して距離が近くなります。その場合、教会の奉仕でも良いのですが、教会の奉仕はハードルが高いものもあります。霊的に成熟していなければ奉仕に参加できないということもあります（教会や奉仕の種類による）が、スポーツの場合は、クリスチャンでなくても参加できます。そのような関わりの中で、お互いを知り合い、話すこと以上に相手を知ることができることもあります。私も学生時代の部活の仲間とは、今もつながっています。ですから、スポーツを通してお互いを知り合うことによって教会の敷居が低くなります。

　私たちの教会では、海外からのチームを年に何度も受け入れます。さまざまな国籍の人が来ますが、興味のある人を柔道に連れて行きます。言葉は違っても、柔道を一緒にすることで、柔道に来ている人ともすぐに仲良くなれますし、今までもフットサルを通して仲良くなった友人が何度も教会に足を運んでくれています。

教会につながる橋渡しとして

　このフットサル大会をスタートしたとき、私の牧会する教会は開拓したばかりだったので、人数も少なく、自由にいろいろなことができました。そういった状況もあって、大会をするハードルは高くなかったのですが、教会の中で興味を持って参加できるのは一部の人だけでした。サッカー好きだけが参加できるイベントということもあり、教会の中でも浮いたものとなっていました。しかし、続けていくことを通して、意識に変化が起こってきました。今では、フットサルを通して教会につながっている人もいます。もちろん、礼拝には来られないが、フットサルの時は必ず来るという若い男性もいます。それでも彼らとつながっているので、いつか何かのきっかけに教会に来てくれることを願っています。他教会のお話ですが、フットサルに気軽に来てくれていた方が、教会行事にも参加してくれるようになったと聞いています。

　この働きは、とても地道な働きかもしれません。実際、教会の行事の中に、スポーツを入れることは簡単ではありません。なぜなら、キリスト教＝文科系のイメージがあるからです。それは、中学生になって部活をすると教会に来られなくなるという負の文化

を背負っているからです。私自身も、中学以降は教会から足が遠のきました。大学の時に、寮のルームメイトがクリスチャンだったこともあり、彼に連れて行ってもらい、教会に戻ることができました。大学時代は、体育会系の部活動をしながら教会生活を送りました。日曜日に試合があれば、牧師は理解して送り出してくれました。

　私たちの教会は以前、ほかの教会の会堂を借りて礼拝をしていたため、土曜日に礼拝を持っています（今年、自分たちの新しい会堂が与えられました）。午後1時半からCSをして、午後5時から通常の礼拝をしています。英語の幼稚園が教会と併設していることもあり、毎週20〜30名の子どもたちが集まっています。今では多くの子どもたちの年齢が上がり、徐々に中高生の数が増えています。しかし、中高生になって教会を離れた子たちはいません。みんな楽しく教会に来ています。彼らの仲が良いということと、礼拝の時間が夕方ということも来やすい要因になっているのかもしれません。牧師が部

活に対して理解しているからかもしれません。今では、毎週の礼拝に子どもを合わせて平均 70 〜 80 名が出席しています。部活が根づいている日本の文化を見ると、信仰生活とスポーツは、切り離せません。特に、若いたましいにとっては大きな課題です。音楽の場合は、教会に活躍の場がありますが、スポーツの場合はそれが難しいのです。

　15 年ほど前、日本に総合格闘技のブームがありましたが、その時期、私はアメリカの神学校時代の友人を訪ねてブラジルに行きました。そこで日本の PRIDE というイベントでも活躍していたアントニオ・ホドリゴ・ノゲイラという有名な選手が所属するブラジリアントップチームに行く機会が与えられました。その道場では、練習の前に輪になって祈り、練習の後にも同じように祈るという時間がありました。スポーツが行われている場所も、礼拝の場所になり得ることを見ました。日本のスポーツでも将来そうなることを夢見て、スポーツに携わっていきたいと思っています。

> 弱い自分を受け入れると、強い自分が生まれる。
> この世界はパラドックスだ。
>
> 元総合格闘家　須藤元気
> *(出典)『一瞬で人生を変える』魂の名言.com*

ボール一つでリバイバル

山下　翼

きっかけ

　2011年9月、東大阪の地に小阪シオン教会が開拓教会として誕生しました。そして主の恵みによって次々と救われるたましいが起こされ、やがて小学生の受洗者も2名与えられました。そんななか、私自身も幼い時から教会に通っていたこともあり、何とかしてもっとたくさんの子どもたちにイエスさまを伝えたい、と思うようになりました。いろいろなことに取り組みました。お菓子の家作り、クレープパーティーや、バレンタイン企画など思いつく限りのことにチャレンジしてみました。しかし子どもたちは、1回は教会に来るものの、なかなか定着せず、何回か来るようになったと思うと、「親にもうダメって言われた」ということが立て続けに起こりました。いろいろ試行錯誤してきた私は、次第に策も尽き、心も折れそうになっていきました。しかし今振り返ってみますと、これが転換期になったのだと思います。やがて私は、祈りへと導かれていきました。「主よ、いろいろなことにチャレンジしてきましたが、これ以上どう進んでいけばいいかわかりません。どうぞ道を示してください。」

　主は私の叫びを聞いてくださり、やがてスポーツを通して子どもたちを教会へ誘えないか、という思いを私に与えてくださいました。そこで、スポーツなら何でも大好きな私は、何のスポーツにしようか頭であれやこれやと考えてみました。しかしどれも違うと思われ、そして最後の最後に思いついたスポーツ、それがドッジボールでした。

なぜドッジボールなのか

　理由はいくつかありますが、7つ紹介します。まずは、①ボール一つで遊ぶことができることです。このようなスポーツはあまりないのではないでしょうか。②広い場所を確保しなくてもできることです。③レベルの差がほとんどないことです。ドッジボール

という習いごとや部活はほとんどないため、運動神経の差こそあるものの、基本的にレベルの差はありません。④男女共にできることです。⑤ルールが単純。要は、当てられないように取るか避けるかで勝負が決まります。⑥逃げるだけでもヒーローになることで、球技が苦手でも、ボールを避けるだけで楽しむことができます。⑦そして何より子どもたちがドッジボールを大好きなことです。いつのまに私は「大人」になってしまっていたのでしょうか。私自身も、休み時間となれば率先してドッジボールをしていたのに。

こうしてドッジボールをミニストリーにしようと考えました。

保護者へのアピールの必要性

しかしここで考えておかないといけないのは、保護者のことです。いくら子どもたちが行きたいと言っても、保護者がそれを許してくれなければ結局はあの時の二の舞です。そこでまず、保護者はどんなことを求めているのかを考えてみました。それが次の三つです。①一人で、家でゲームをするのではなく、皆で外へ出て元気に遊んでほしい。②英語も自然と話せるようになってほしい。③自分のことも友だちのことも大切にできる

子になってほしい。

しかしこれらは、家庭や学校、塾だけでは難しいのが現実……。そこで、キリスト教会が、大切なお子さんのために、立ち上がります！と打ち出せることができたならば、保護者もきっと、喜んで送り出してくださるであろうと考えたのです。こうして、ドッジボールは三本柱の一つにすぎず、あくまで三つのバランスが大切なのだというトータルコンセプト、JEDミニストリーズが誕生しました。

JEDというトータルな考え方

JEDミニストリーズは、知・心・体のバランスがとれたかっこいい大人になるため、子どもたちの健全な成長をサポートする、キリスト教会のプログラムです

「J」 Jesus

世界のベストセラーである聖書を土台にし、キリストの心を身につけます。自分と人を愛することができるようになります。

「E」 English

グローバル化が進む現代社会にあって、英語は必須です。

歌やゲームを通して、使える英語が自然に身につきます。

「D」 Dodge ball

ドッジボールを通して、チームワークや助け合うことを学びます。

ゲームではなく、健康的に外で元気に遊ぶようになります。

これをホームページやいろんなチラシに常に記載することにしています。目的は保護者の方の理解を得ることです。

ドッジボールミニストリーのねらい

あくまで伝道なので、ドッジボールから教会への橋渡しが大事になってきます。そこで次のようなストーリーを考えました。土曜日に他教会と試合を組みます。まだうちの教会には小学生２名しかいませんでしたが、信仰によって先に試合を組みます。そしてその試合に向けて、近くの公園に行き、ドッジボールチームを作ります。「今度、隣町

のライバルチームと試合やねん。助けてくれへん？」 そして試合後、「明日の日曜日、教会でお疲れさまパーティーをやろう。○時集合！ 無料やで！」と子どもたちを誘います。もちろん、お疲れさまパーティーという名のキッズ礼拝であることはおわかりいただけるでしょう。

ドッジボールミニストリーの具体的取り組み

　こうして実際、2015 年 6 月 6 日（土）に大阪シオン教会と試合をすることにしました。そしてその試合に向けて、5 月 23 日（土）と 5 月 30 日（土）に近くの公園に行き、ドッジボールのチーム作りをしました。心配事はいろいろありました。天候は大丈夫だろうか、子どもたちは公園にいるのだろうか、1 週間後の約束を覚えて、ちゃんと当日来てくれるだろうか。しかしそんな心配は無用でした。6 月 6 日（土）、天候も守られ、小阪シオン教会チームだけで 21 名の小学生が集まってくれたのです。「先生！ 強いやつメッチャ連れてきたで。」 こうして試合を終え、翌日の案内をし、6 月 7 日（日）には 7 名の小学生が集ってくれて、第 1 回のキッズ☆パラダイス（子ども英語礼拝）をすることができました。

　手ごたえを感じた私はこの話を黙っておくことができず、いろいろな教会に赴き、牧

師に話しました。するとたくさんの先生方が「子どもたちのために協力するぞ」と言ってくださり、それからは毎月、東大阪大会という名で試合をすることになりました。

　道はどんどん開かれ、10月にはKFSM（キッズ＆ファミリーサポートミッション）とのコラボが決まり、第1回関西大会をすることができ、さらに年末には10教会と合同で八尾の体育館にて第2回関西大会をすることもできました。2016年の春休みには春のスポーツフェスティバルということで1日がかりの企画（ドッジボール、昼食、キッズ礼拝）をすることができ、2016年夏には浜の宮ビーチ（和歌山市）で第1回ビーチドッジ関西大会を開催することもできました。

　こうして、私たちの教会だけでも120名を超える小学生との出会いが与えられ、40名を超える小学生がキッズ礼拝へと導かれたのでした。

今後の課題と展開　〜100倍の祝福を求めて〜

　2015年度、小学生2名から始まったこのミニストリーを通して、127名の小学生と出会わせていただきました。まさに60倍の祝福であったと感じています。2016年度は100倍の祝福を求めて、現在、二つの公園でドッジボールを展開しています。また地域の教会や地域の大学生にボランティアをしてもらっています。さらには、保護者への伝道も進めています。礼拝に来てくださったり、家に招いてくださったり、献金してくださる方や、どこかへ行った際にはお土産を買ってきてくださるなど、さまざまな交流があります。課題は、キッズ礼拝のさらなる充実、また元気な男の子たちを中学生になってもどう教会につなげていくか、などです。

ドッジボールのすすめ

　ボール一つでできます。笛（100円）があったら、なおいいでしょう。「ボール一つでリバイバル」を合言葉に、ドッジボールは土曜日！　全国大会は土曜日！　という流れをキリスト教界が一つとなって作り上げていければと願っています。

　そのためにマスコットキャラクターも作りました。現在、ステッカーにして試合ごとに参加賞として、集まった小学生たちにプレゼントしています。やがてゆるキャラグラ

ンプリにも登場させてみたい！　ビジョンはどんどん広がります！　その時にはぜひご一票を！

これからも引き続き、ゴリヤテを一つの石ころで倒したダビデのように、ドッジボールを通して小学生伝道の壁に挑んでいきたいと思います。

「ダビデは石投げ紐と石一つでこのペリシテ人に勝ち、彼を撃ち殺した。」
（Ⅰサムエル 17：50）

参考資料
①マスコットキャラクター

ジェッド・リー（じぇっ鳥科・わし）
特徴：丸い
好きなスポーツ：ドッジボール
好きな音楽：ゴスペル
好きな言葉：主に望みをおく人は新たな力を得、わしのように翼をはってのぼる。
走っても弱ることなく、歩いても疲れない（聖書のことば）
チャームポイント：ファイヤーヘアー

ラグビー伝道

金子道仁

「自分の町のスポーツ」は何ですか？

　私たちは、自分の教会が置かれている町について、さまざまな側面から特性を把握し、宣教活動に役立てようと努力しています。それは、宣教の拡大のためには地域のニーズを把握することが非常に重要だからです。では、皆さんが住んでいる町で特に盛んなスポーツは何ですか。

　私は、兵庫県の阪神地区の北端にある猪名川町に住んでいます。大阪のベッドタウンのはずれで、多くの方々が大阪方面に通勤している、自然豊かな町です。ほかの町と変わりなく、少年野球やサッカー、ミニバスケットは人気がありますが、それ以外に特徴的なのは、まずレスリングが盛んであること、またトライアスロンの日本代表選手の拠点があることです。

ラグビーの町東大阪

　2015年春、東大阪市花園ラグビー場で、「花園ゴスペルフェスティバル」という伝道集会が開催されました。東大阪市の多くの教会の協力で開催されたこの集会に先立ち、ニュージーランドから元オールブラックス（NZラグビー代表チームの愛称）選手を招いて、ラグビー教室を開催しました。

　東大阪市は、全国高校ラグビー選手権が開催される花園ラグビー場がある、高校ラグビー選手にとっての「聖地」です。全国的に珍しく、市内の中学校にはかなりの数のラグビー部があり、また小学校の体育でもタッチラグビーやタグラグビーなどが行われるなど、ラグビーとの関わりが非常に深い都市です。「花園ゴスペルフェスティバル」開催に向けて、どのように地域への普及を図っていくかというなかで、ラグビー教室とい

うアイデアが出されました。日本国際スポーツパートナーシップ（JiSP）は全世界のスポーツミニストリーとのコンタクトがあるので、早速、元プロラグビー選手で宣教の思いと訓練が整えられた器を照会したところ、日本のトヨタでもプレーしたことのある、元オールブラックス選手のティモ・タガロア氏が推薦され、交渉の結果、大会1週間前から来日してくださることになりました。

東大阪市内の小中学校に、元オールブラックス選手による国際交流の授業やラグビー部での特別指導を打診したところ、ほとんどの学校が快諾してくださり、1週間で9か所、約500名の小中学生に対して授業をすることができました。どの機会も非常に恵まれたものとなり、指導の後に校長室に招かれて、コーチの先生方に対して指導論を1時間近く質問されたり（コーチたちにとっても、元オールブラックス選手はあこがれの存在でした！）、その後「花園ゴスペルフェスティバル」に来てくれた生徒、自分のお子

> 可能性がゼロではない限り、
> 人間にはチャレンジする権利がある。
> 小さなチャレンジでもかまわない。
> 自分の可能性を捨ててはいけないと思う。
> 可能性を見限った瞬間に心の寿命は尽きてしまう。
> 　　　　　　　プロスキーヤー・登山家　三浦雄一郎
> 　　　　　　　　　　　　　　　　　　（出典）心の常備薬

さんを連れて来られた先生もおられました。また、授業や指導の後、ティモ氏のカード（プロ野球カードのようなもので、裏には救いの証しを載せた自作のカード）が参加者一人ひとりに手渡され、周りの観衆にも配られたので、用意した2000枚のカードもわずか1週間ですべて配られました。子どもたちや先生方がカードを大事に持ち帰ってくださったことも、とても印象的でした。1週間の活動でしたが、地域に確かなインパクトがあったという手ごたえを感じることができました。実際、窓口となってくださった学校の先生方からは、「教会が提供してくださるプログラムは質が良いので、また次の機会も声をかけてほしい」との言葉をいただくなど、今後に向けた良い関係が残されています。

2020年オリンピックにおける、日本全国での地域伝道

　スポーツミニストリーに関わるなかで繰り返し思わされることは、スポーツを愛好する人々は、そのスポーツの世界の特別な選手に対しては、大きく心を開いて言葉を聞くということです。牧師の話にはあくびをする人でも、スポーツ選手の証しには真剣に耳を傾け、一言も聞き漏らすまいという凄みすら感じることもあります。東大阪市とティモ選手のように、自分の町で盛んなスポーツと、福音を語りたいと願っている世界中のクリスチャンスポーツ選手がつながるときに、大きな宣教のチャンスが広がるのではないでしょうか。

　2020年には東京でオリンピックが開催されますが、その際には200～300の宣教団体が世界中から日本に来ると言われています。その中には、元オリンピックメダリストも数多く含まれています。こうした方々の賜物が本当に生かされる伝道の機会を設けていく必要があります。こうした宣教団体が、東京周辺にとどまってしまうのは、非常にもったいないことです。日本全国の地域教会から、オリンピック期間中にこのようなスポーツ選手を派遣してほしい、スポーツ指導教室や講演会を開催したい、そのような要望が事前（たとえば2019年中）にJiSPに寄せられていたら、JiSPから全世界のクリスチャンアスリートに情報が発信され、オリンピック期間に日本全国で効果的な地域伝道を開催することができます。JiSPの理念の一つは、地域教会に仕えることです。ぜ

ひご遠慮なく、JiSP を「使って」ください。

2019年ラグビーワールドカップ

　2020 年のオリンピック伝道、その後の宣教の拡大のため、今必要なものはネットワークです。2020 年にいきなりスポーツミニストリーを「試す」のではなく、それまでに小さくてもスポーツミニストリーを体験していただき、少しずつネットワークを広げていきたいと考えています。そのためにとても良い機会が、2019 年ラグビーワールドカップです。

　皆さんは、世界 3 大スポーツイベントを挙げることができますか。オリンピックとサッカーワールドカップの二つは順当でしょう。もう一つは、なんとラグビーワールドカップです！　ラグビー人気が今一つの日本では意外な印象を受けますが、2015 年にイングランドで開催されたラグビーワールドカップは海外からの観客数が 60 万人を超えるなど、確かに世界 3 大スポーツイベントの名に恥じない巨大イベントです。そのラグビーワールドカップの次回開催地は日本で、全国 12 都市で 48 試合が開催されます。開催 12 都市は北から、札幌、釜石、熊谷、東京、横浜、静岡、豊田、東大阪、神戸、福岡、大分、熊本です。

　正直に申し上げて、2019 年ラグビーワールドカップは、2002 年サッカーワールドカップや 2020 年オリンピックのようには盛り上がりを見せていません。しかし、ここにもチャンスがあると思います。第一に、2019 年に向けた「継続的なイベントの必要性」です。地域の教会が協力して、2017、18 年と連続してプレ・イベントを開催したら、地元自治体とも協力体制を築くチャンスになるのではないでしょうか。別項でも紹介する、スポーツフェスティバルやキッズゲーム、またラグビー教室などを、ラグビーワールドカップと関連して開催することが可能です。こうしたイベントを通して、2019 年に向けた啓蒙活動を展開していくことは、2019 年を盛り上げていきたい地元としてはありがたいものとなるでしょう。

　第二に、「ボランティア問題」です。2019 年本番では、各開催都市で 4 試合前後が開催されるでしょうが、単純計算して 60 万人 ÷ 48 試合 = 12,500 人の海外からの観客が

1試合ごとに会場に足を運ぶことが見込まれます。言葉もわからない海外からの観客が一度に押し寄せるわけですから、多くのボランティアが必要です。私も昨年のイングランドワールドカップで日本対スコットランド戦を観戦しましたが、スタジアムまでの道中でたくさんのボランティアと出会いました。おそらく1000人は下らないと思います。東京や横浜といった大都市ならいざ知らず、地方として試合ごとに1000人のボランティアを集めることは、自治体にとっても悩みの種でしょう。そこで地域教会が協力して、試合ごとに百名前後のボランティアを確実に派遣することを約束すれば、きっと地元自治体に喜ばれ、信頼をいただくことができると思います。ボランティアの派遣は、直接的な宣教活動ではありませんが、ちょうど被災地の復興支援ボランティアと同様に、地域との良好な関係「架け橋」を築くことになります。こうした「架け橋」は、後の伝道活動の財産となり、地域の方々が教会に足を運ぶきっかけとなるでしょう。地域への貢献活動を通して、教会の存在を地域に知っていただき、「この地域に教会があって良かった」と評価していただくことは、今後の教会発展のためにとても大切なことと思います。

かけっこ教室　忍者塾

米内里江子

　現役の陸上競技選手であり、日本のおもだった大会での優勝経験もある大内恵吏也選手が、走ることを通して、地域の次世代の育成に貢献したいという願いから始まった「かけっこ教室」は2014年4月よりスタートしました。

　現在、国分寺、東大和、登戸、船橋で約90名が参加しています。そのほかにも定期ではありませんが、依頼に応じて個人レッスンを行っています。年齢は特に制限をしていませんが、参加者の9割が未就学児～小学生で残る1割が中高生です。

　指導は、大内選手のほかに同じ陸上仲間たちが応援で来てくれています。また私も未就学児童を教えたり、事務的サポートをしたりしています。

忍者塾をはじめるようになったきっかけ

　大内選手は、2013年12月から約2か月間、米国・ジャマイカ・ケニア・タイを訪ねる「かけっこの旅」を行いました。「米国では全米4位の選手と練習。ジャマイカでは、ウサイン・ボルトやヨハン・ブレイクら代表が所属するチームに入り、9秒台の選手の背中を追いかける日々。そこでは、他の人のまねでもなく、既成のトレーニングにも頼らない、（特に陸上選手としては恵まれているとはいえない体型の）大内選手自身の身体に合わせたクリエイティブなトレーニングや走法を大事にしてよいのだと確信しました。ケニアでは、スラム街の子どもたちの教育のために学校を開いている市橋孝雄・さら宣教師を訪ね、子どもたちのために体育の授業をさせてもらいました。タイはチェンマイで、孤児や課題を抱えている子どもたちにサッカーを通して仕える福間庸平宣教師（AFタイ）のもとで、運動会などを開催。言葉は通じなくてもかけっこで笑顔になる、世界のさまざまな困難な状況の中にいる子どもたちとのつながりを感じたことが、帰国後、「かけっこ教室」を始める原点となりました。

「忍者」という言葉は、子どもたちに夢とわくわく感を与えます。一般的に日本人の体型は、ジャマイカのウサイン・ボルトのような選手とは、体格も筋肉のつき方も違います。自分の身体の特徴をよく知って、日ごろからバネやバランス感覚を鍛え、「忍者のように、小さなパワーでもより素早く、効率よく走る動きを訓練していけば、自分らしさを最大限に生かした走りができるのではないか。それを極めれば世界にも通用する走りができるのではないか」という思いを込めて、このかけっこ教室を「忍者塾」と名づけました。指導者のことを子どもたちも「先生」ではなく「忍者～！」と呼びかけます。

2016 年 7 月現在の定期的な活動内容、状況は次のとおりです。

<国分寺>　2014 年 4 月スタート＠都立武蔵国分寺公園の広場

公園の中で行うため、他の利用者との兼ね合いに配慮が必要ですが、大きな階段や、森の中の道、ゆるやかな傾斜などを利用した変化に富むトレーニングが可能です。未就学児と小学生とのクラスと並行してトレーニングを行っています。雨天の場合は、小学生のみ国分寺バプテスト教会礼拝堂で行います。未就学児は休みです。

<東大和>　2014 年 5 月スタート＠東大和南公園（400m トラック）

400m トラックの陸上競技場を使えるので、50m、100m のタイムを測ったり、リレーを行ったりすることが可能です。ただし、近隣の中学や高校の陸上部も練習に使うため、混雑することがあります。練習時間は二部に分かれていて、特に 17 時からのほうの参加者のモチベーションとレベルが高いのが特徴です。雨天の場合は、隣接の東大和市体育館の地下にある柔道場で行います。

<登戸>　2014 年 9 月スタート＠稲田多摩川公園（多摩川河川敷内の簡易グランド）

多摩川河川敷に設置された土のグランド（そこでは他のグループがフットサルなども行っています）を使用しています。また、周辺の階段、ゆるやかな坂など、河川敷ならではの地形を利用してトレーニングするなど、工夫しています。雨の場合は、登戸エク

レシア教会の地下で行います。

＜船橋＞　*2016年5月スタート＠船橋市陸上競技場*

　忍者塾をぜひ船橋で！　という一人の子どもの祈りに促されて始まりました。指導者の住まいが遠方であるため、月に2回のみ、80分ということで行っています。船橋市陸上競技場では、近隣の陸上部強豪校の練習が大々的に行われており、場合によっては隣接の子ども広場で行います。しかし、近隣の陸上部の練習が定期試験中などの理由で短縮される場合は、後半、ほぼ貸し切りのような状況で400mグランドをのびのびと走ることができます。雨天の場合は中止。

＜忍者選手権＞

　不定期ではありますが、府中陸上競技場を貸し切りにして、忍者塾に来ているメンバーでなくても、だれでも参加できるかけっこ大会を1年に数回、開催しています。現役

の陸上選手たちの本格的な走りを間近に見られるエキシビションレースもあり、選手と一緒に走ることができるこの大会を楽しみにしている子どもたちも多いのです。保護者も協力、観戦しに来てくれるので、有意義な時となっています。

<その他>

- 通常の忍者塾には来られないが、トレーニングを受けたい、という人がいる場合、時間と場所を相談し、個人レッスンも行っています。
- 幼稚園、小学校、中学校、高校などから招かれて体育の授業やラグビー指導などの依頼にも応じています。
- 奥多摩バイブルシャレー主催の「かけっこキャンプ」の協賛者として、キャンプのプログラム企画やトレーニング、メッセージなどを行っています。
- 国分寺市で毎年行われている「国分寺まつり」の中で、忍者塾主催の「だれでもかけっこ 50m 走」を開催してほしいという依頼を受け、行っています。毎年延べ 500 人ほどが走りに訪れます。

<経費>

指導者への謝礼、必要経費、活動費は、参加者からの参加費で賄っています。

<大切にしていること、トレーニング内容>

一般の「陸上クラブチーム」のようにではなく、遊び感覚を多く取り入れた独自のメニューを提供しています。

いわゆる日本的「体育会系」の部活などにしばしば見られる、全体性や規律、上下関係や秩序重視の雰囲気とはあえて真逆の方向性を取り、個別性をそのまま活かし、自由にそれぞれのモチベーションで参加し、各自の体力や体調に応じて、途中で休んだりすることもよしとします。このようなやり方だと、まるで統率がとれない、だらけた雰囲気を想像されるかもしれませんが、「走らされる」のではなく、楽しく走ることが子どもたちの中にいったん体得されると、今度は子どもたちの側から、「もっと走りたい！

　もっとコツをつかみたい！」という自発性や意欲が湧いてきます。そうやってトレーニングを繰り返していくうちに、自分の身体を足で受けとめる身のこなし、身体の軸などができていきます。楽しみながら向上すること、苦手を克服する喜びを経験すること、お互いの頑張りを励まし合うことを願っています。そのためには関わるスタッフ自身が子どもたちの存在を何より喜び楽しみとしつつ、個別性をよく見極め、対応する力を求められます。保護者との連絡なども個別にきめ細かく行います。

　練習メニューはバネ（ジャンプ力）、スピード、俊敏性、持久力、体幹、バランス感覚などを鍛えることを狙いながら、楽しくわいわいやっています。その会場特有の地形や階段を活用して、いろいろなトレーニングを編み出しています。

　通常、時間になったら集まり、準備運動。その最後に大きな声で「忍！」とかけ声をかけて「修行」の開始。ウォーミングアップは、たとえば、鬼ごっこ、フリスビー、合図でだれが一番先に立ち上がれるかゲームなどです。身体が温まってきたら、10mほ

どのゴムをいろいろな形で活用して、ジャンプ、股関節を動かす、くぐる、ハードル、幅跳びなどをします。また、脚の前後の切り替えを体得するために独自で作った踏み板でのトレーニングもあります。その板は両足ジャンプのためにも使用されます。

その後に50mタイムトライアルや、その日その日でポイントを決め、いろいろなメニューの引き出しの中から判断して選んで行います。走りのコツを教えるときには、専門用語は避け、子どもたちにもわかりやすく工夫してイメージを伝えます。焼き鳥になれ（身体のまっすぐな軸を意識すること）、バネで開くゴミ箱のふたを開けるようなスタート、身体が前に倒れる力で走るおっとっとダッシュ、みそ汁を頭に乗せて足を大きくまわして運べ（上半身を固定して股関節を大きく動かす練習のとき）など、子どもたちも楽しんでやってみようと思えるように表現します。

リレー形式で何度も走ります。走るチームはそのときどきに応じて分けて、走る順番は子どもたちが相談して決めます。この相談がなかなかおもしろいのです。リーダーシップをだれがとるのか、自分の願いと他のメンバーの要望をどう調整するか、あまり速くない小さい子を上級生がどうカバーするか、2回走る人が必要な場合、それはだれにするかなど、短い時間ではありますが、子どもたちなりに課題を解決するためのコミュニケーションをとります。1時間があっという間です。最後にもう一度集まり、終わりの体操をして、「忍！」のかけ声で解散します。

いわゆる「教会の働き」という枠組みではなく、クリスチャン陸上選手による社会貢献という位置づけで行っています。教会に人を集めるための手段や広告としてではなく、あくまでもこのかけっこ教室で、神の創造された世界と、神の愛の対象である自分自身とを、喜び楽しみ、人との比較に終始しない自分の人生の受けとめができるように互いに励まし合う、そんな場になることを願っています。

花園ゴスペルフェスティバル

金子道仁

2015年　花園ゴスペルフェスティバル開催に至る経緯

　2015年春、東大阪市花園ラグビー場で行われた「花園ゴスペルフェスティバル」で、ラグビー場外の公園スペースで「スポーツフェスティバル（SF）」を開催しました。英国より「スポーツフェスティバル」のコーディネーターであるマーティー・ウッズ氏をお招きして、準備セミナーを開催し、「スポーツフェスティバル」を導いていただきました。

　2014年秋、私たちJiSPメンバーは米国オーランドで開催されたISC（国際スポーツ協議会：全世界のスポーツミニストリー団体を大きく統括する団体）が主催する国際会議に参加していました。その中で、本郷台の池田恵賜牧師に与えられた「10×10」ビジョン（2024年までに日本の教会が10倍の祝福を受けるというビジョン）は、参加したメンバーの信仰を奮い立たせるものであり、一同が主から与えられたビジョンであるとの認識を共有しました。しかし、具体的にどうやってビジョンに向かって行動を起こしていくのか、私には皆目見当がつきませんでした。導きを求めていたなかで、国際会議でマーティー・ウッズ氏と出会いました。マーティー氏は全世界のスポーツフェスティバルの中心人物で、2012年のロンドンオリンピックではイギリス全土で約300か所のSFを開催し、延べ60万人がフェスティバルに参加したそうです。2015年の花園ゴスペルフェスティバルについて説明したところ、マーティー氏は2015年のイギリス・ラグビーワールドカップでもSFを多数開催予定にしており、花園で行うSFは、2019年に日本で開催されるラグビーワールドカップ、そして2020年のオリンピックに向けた第一歩になるはずだと励ましてくださいました。マーティー氏と交わるなかで、2020年までのネットワーク作り、2020年での全国500か所でのSF開催、そして2024年の「収穫」という大きな流れを見せていただき、SFは「10×10」ビジョンを実現するた

めの一つの戦略であると確信するに至りました。今後、日本の社会に適応した SF を模索しつつ、2019 年、2020 年に向けて着実に SF を開催していきたいと願っています。

スポーツフェスティバルの目的

　SF は、スポーツイベントに関連して地域教会が協力してフェスティバルを開催するもので、その目的は、教会と地域との架け橋づくりです。教会が外に出て行き、地域の方々が多く行き来しているスポーツイベントの隣地にフェスティバルを用意します。できる限りプログラムを無料で提供し、通りがかりの方々に楽しんでいただく場所を作ります。そしてフェスティバルの中では、メッセージを語る時間は持ちません。なぜ伝道しないのかという疑問があるかと思いますが、通りすがりの地域の方々の立場から考えれば、見ず知らず（人間関係のない）の教会の人間から聖書の話を聞きたいという「ニーズ」は、ほとんどないからです。しかし、彼らの心の中には、無条件の愛、居場所、平安、やすらぎ、休息といった「ニーズ」が確かに存在し、これらは教会こそが真に提供できるものです。SF を通して、地域の方々に教会を「体験」していただき、教会には自分が求めていることがあることを知っていただき、次に教会に足を運ぶきっかけとしていただく、これがフェスティバルの目的です。ですから、SF の会場には、近日中に行う各地域教会のプログラム案内・チラシ等を用意することも大切です。

　また、SF を通して、地域社会に教会の連帯を示すことも、一つの証しとなります。花園ゴスペルフェスティバルでも、「東大阪市の約 40 の教会が協力して、このフェスティバルを運営しています」というアナウンスや表示を行うことで、地域の方々に安心感を提供し、また教会は一つであると知っていただくことができました。

花園ゴスペルフェスティバルでの SF の様子

　「花園ゴスペルフェスティバル」の際に行われた SF は、5 月 2 日、3 日の 2 日間行われ、延べ約 500 名の地域の方々が立ち寄り、参加しました。当日は非常に暑い天気となり、長時間野外でプログラムを行うことが難しかったため、約 2 時間のプログラムを 1 日 2 回ずつ実施しました。会場は U 字型を取り、周辺に遊びや食べ物の出店を配置し、

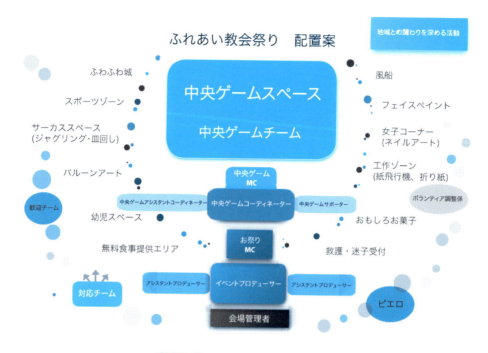

花園ゴスペルフェスティバル
野外フェスティバル配置図

　中央で全体プログラムを実施しました。周辺には、バルーンアートやサーカススペース（ジャグリングや皿回しなどのおもちゃを自由に使えるブース）、フェイスペイントやネイルアートなど、子どもたちが楽しめる無料ブースを作り、子どもたちが安心して楽しめる場所を作ります。こうして個別に集まって来た人々に対して、次は中央スペースでのさまざまな活動への参加を呼びかけます。水風船バレーボール（1チーム10〜15人の2チームに分かれて、ネット代わりのロープを挟んで向かい合います。各チームが1枚の大きなシーツを持ち、そこに水風船を置き、シーツで水風船を相手陣に送り、またキャッチするゲームです）、リンボーダンス（BGMの中、参加者が1列に並んで低い位置にあるロープ〔バー〕の下を、手や膝をつかないようにして仰向けにくぐっていきます。失敗した人は列から出て、徐々にロープを下げていき、最後まで残った人の勝ちです）、綱引きなど、見ず知らずの人々がチームになって協力したり、互いに声援を送り合ったりするようなプログラムを用意して、次第に一体感や所属意識を高めていきます。最後は皆でダンスを踊り、終了します。日本のお祭りの最後に盆踊りをして一体感

を醸し出すように、SFでも楽しい、一体感のある雰囲気で終了すると、その後も名残惜しく、あちこちで交わりの輪が生まれます。こうした交わりの輪に入って地域の人と仲良くなるスタッフ（ウェルカムチーム）も大切です。

2020年に日本全国で500か所のオリンピック・フェスティバル開催を！

　まだ日本ではなじみの少ないSFですが、地域教会が協力すれば十分実現可能な内容です。2012年のロンドンオリンピックでは、各開催で平均2000人の方々がSFに参加しました。2020年の東京オリンピックにあたり、日本全国で500か所の「オリンピック・フェスティバル」が開催されれば、単純計算で約100万人の方々に教会を「体験」していただくことができます。そして、この100万人の方々とのつながりが、その後の収穫へと続いていくと思います。

　また500か所でSFを開催するもう一つの「遺産」は、教会間の協力・ネットワークが残るということです。これから日本での宣教が拡大発展していくために、こうした教会間の協力は大切な鍵になると思います。

　2020年のオリンピックは、こうした教会間の、また地域の方々との「架け橋」を作る絶好のチャンスです。2020年のオリンピックを、単に東京だけのイベントとして傍観するのではなく、オリンピックを利用してオリンピック・フェスティバルで地域を盛り上げてみましょう。

日本におけるバスケットボールミニストリー
大場元紀

きっかけ

　私は、2004年に立ち上げたバスケットボールミニストリーをきっかけに、バスケットボールミニストリーのネットワーク形成に携わるようになりました。初めに立ち上げに至った経緯をお話しします。

　Hoop Basketball Ministries（以下 Hoop）は、都内のクリスチャンバスケットボール愛好家を中心にスタートしたグループです。Hoop は中学生から社会人までの幅広い年代のバスケ経験者が月1～2度活動していました。参加者は毎回10～15名ほどで、多い時には40名ほど来たこともあります。Hoop は参加者の8割がクリスチャンというクリスチャン主体のグループで、その目的は交わりと成長でした。その交わりのなかで強められ、世の光として輝くことにより、周りの人々が「イエスは主である」ことを知ることができればと願っていました。

　活動は、まず集まって「バスケ」を楽しみ、しばらくしたら休憩して「証し」をし、また「バスケ」をして、最後に「交わり」をするという流れでした。全体の時間は2時間ほどです。証しは、基本的に救いの証しでした。クリスチャンが8割もいるグループで「なぜ？」と思われるかもしれませんが、参加者の多くはクリスチャンでありながら、だれにも救いの証しをしたことがなかったのです。
　救いの体験は、内容が変わるものではありません。それなのに救いの証しをできる人がいなかったのです。この原因を探ると、救いの確信がない、準備できていない、恥ずかしいなどの理由があることがわかりました。Hoop はクリスチャンが多く集まり、聖書の価値観を共有する者たちの集まりでしたので、救いの証しをしてもだれも否定する

人はいません。Hoop の中で繰り返し救いの証しをすることで、参加者はどこでも、だれにでも証しができるように、訓練の場所となっていたのです。

　ある青年は救われて数年経っていましたが、Hoop で証しをすることで救いの再確認をし、証しができるようになっていきました。そして、この証しがきっかけで後に洗礼へと導かれ、洗礼のときには、このときの証しが分かち合われたのでした。このような活動から、私はバスケットボールをゲームや競技として取り組むだけでなく、宣教の働きとしての可能性もあることを見ました。Hoop は、諸事情により活動が困難になり休止しましたが、この 4 年間の活動によって、この働きから献身する者が何人か起こされ、今のネットワーク形成につながっているのです。

「バスケットボールミニストリー」におけるネットワークの形成

　Hoop の活動は、基本的に口コミで広がりました。集ってきた参加者は、みなそれぞれ自分の教会やバスケ仲間とつながっており、その関係で他地域でバスケットボールミニストリーをしているグループとつながることができました。埼玉県羽生市を中心に活動する福音伝道教団青年部サークルの「クロスオーバー」や、千葉県四街道市のめぐみの丘チャペルが母体となっている「バーニング」、そして現在活動休止していますが、荒川区の荒川聖泉キリスト教会「スイフターズ」ともこの 4 年間に出会い、交流を重ねるようになりました。彼らとの交流は今も続いており、これらのグループが主体となって、現在 Thank You Jesus Cup 関東として、関東におけるバスケットボールミニストリーのネットワークへと発展しています。

Thank You Jesus Cup Basketball（TYJC）

　Thank You Jesus Cup は、もともと関西や東海地区で行われていた同名のフットサルトーナメントに端を発します。兵庫県の猪名川町にあるグッド・サマリタン・チャーチの金子牧師が、このイベントが教会間の良い交流の場として用いられていることを知り、バスケットボールでも同じような教会間対抗戦をしたいと願い、2014 年に最初の大会を関西で開催しました。

私はこのころスポーツミニストリーの集まりを通して金子牧師と出会い、交流を深めていくなかでTYJCのことを知りました。そして、後で紹介するSMiAの来日をきっかけに、関東でも2015年に第1回Thank You Jesus Cup関東大会が開催されたのです。この大会には、先ほど紹介したクロスオーバーとバーニング、フィリピンからSMiAと墨田聖書教会、神の家族キリスト教会、本郷台キリスト教会、そしてHoopの世話役だった岡澤さんたちがスタートさせたチームの計6チームが参加しました。2016年2月に行われた大会には新規チームの参加もあり、さらなる広がりが見えています。

　それぞれのグループは活動に独自の色を持ち、交わり中心のグループ、技術向上を目指すグループ、伝道活動の一環として活動しているグループなどさまざまです。TYJCは今後も教会やグループ間の交流を通して、ミニストリーの情報を共有したりして活性化を図り、一人ひとりが励まされ、健全に成長できる場となることを目指していきます。そして、各グループが目指す目標の一つとして大会を充実させ、関西や関東以外の地域でも開催できるようネットワークを拡大していきたいと考えています。この活動に興味関心のある方は、関西圏の方はグッド・サマリタン・チャーチ（担当：金子牧師）、関東圏の方はTYJC関東実行委員会（担当：岡澤さん）までご連絡ください。

選手生活の中で9000本以上のシュートをミスした。
300回近く試合に負けた。
26回ウイニングショットを任され、失敗した。
人生の中でなんどもなんども繰り返し『私は失敗した』
それが私が成功した理由だ。

　　　　元バスケットボール選手　マイケル・ジョーダン

　　　　　　　(出典)『一瞬で人生を変える』魂の名言.com

海外のバスケットボールミニストリーとの連携

　TYJC を通したネットワークは、国内にとどまらず海外にも広がってきています。

　SMiA（Sports Masters in Action〔通称：エス・エム・アイ・エイ〕）は、フィリピンの元プロ選手を中心とするバスケ伝道チームです。2014 年から毎夏来日して TYJC を通して活動しています。子どもたちや若者たちを対象にバスケットボール教室を行い、その後、証しのときを持っています。子どもや若者にとても良い働きをしてくれています。この働きに関心のある方やチームを招きたいという方はグッド・サマリタン・チャーチ（担当：金子牧師）までご連絡ください。

プロ選手による伝道、奉仕

　バスケットボールミニストリーに関わる方のなかにはクリスチャンプロ選手もいます。ここでは彼らとの協力によってなされてきた働きを紹介します。

　2013 年に東日本大震災の復興支援の一環として行われたキッズゲームでは、埼玉ブロンコスに所属（当時）していた小野寺恵介選手に来ていただき、バスケットボール教室をしていただきました。また 2014 年の Thank You Jesus Cup では、エベッサ大阪に所属（当時）していた N 選手に来ていただき、試合後に証しをしてもらいました。大会には多くのクリスチャンでない方も参加していましたが、その選手の話にとても興味を持ってくださいました。

　日本では、信仰をはっきりと表明して活動するスポーツ選手がまだ少ないなか、小野寺選手や N 選手のように、プロとして競技生活を送りながら、証し人として協力してくださる方もいます。現在、小野寺選手は現役を引退し、指導者として次世代の育成に関わっています。今後クリスチャンプロ選手、指導者がさらに起こされるように、また誘惑から守られ、よき証し人となるようにお祈りしていきたいと思います。

さまざまな形のバスケットボールミニストリーの紹介

はじめに少し触れましたが、バスケットボールミニストリーをしているグループは、それぞれの目的をもって活動しています。ここでは特徴的な三つのグループを紹介します。

🏀 「Ark」―超教派有志による弟子訓練の場として

HoopのOBであり、世話役だった岡澤元さんは、有志と一緒に2016年より都内でバスケットボールチーム「Ark」を結成しました。クリスチャンによる伝道を目的としたチームで選手に対して伝道し、救われたメンバーが霊的に養われるように取り組んでいます。バスケチームとしても本格的な競技志向を持ち、今後地域リーグに登録していく予定です。

🏀 「バーニング」―教会の伝道活動の一環として

めぐみの丘チャペル会員であるバスケットボール好きのご夫婦を中心に、経験者のみならず初心者も集っています。月数回の練習をしている実力派チームです。このチームは、伝道的なミニストリーとして教会にも認知されており、月1度はチームメンバーでもある牧師がわかりやすくみことばを語り、チームを通して教会に来るようになった人もいます。リーグ戦を主催していた時期もあり、そこからチームにつながったメンバーもいるそうです。

🏀 「クロスオーバー」―教会の交わりの場として

福音伝道教団の青年有志が中心になって活動するサークル的な集まりです。このチームは、青年たちのフェローシップやレクリエーションを中心に活動していますが、幼稚園の小さなお子さんから社会人まで幅広い年代が集まっています。なかには教会から離れていた人が、この交わりを通して戻ってきたということもあり、貴重な交流の場となっています。

日本におけるバスケットボールミニストリーの課題

バスケットボールは国内の愛好者が395万人（総務省『平成23年社会生活基本調査〔生活行動に関する結果〕』）と多く、十代の青少年の普段やっているスポーツでもここ数年間2～3位をキープしている（笹川スポーツ財団『十代の青少年のスポーツライフに関する調査報告書』）人気団体スポーツです。

ミッションスクールのなかには、バスケットボール強豪校も存在し、クリスチャンキャンプ場にもバスケットゴールを常設している所が多いなど、若者にとって馴染みのあるスポーツと言えるでしょう。他の団体競技よりも比較的場所を取らずにできたり、体育館の中ならば天候に左右されずにできたりと、バスケットボールを用いた伝道活動というのはまだまだ可能性があるのではないでしょうか。しかし、働き人が足りない現状もあります。教会のなかのバスケ好きな若者たちから、バスケ伝道に使命を持つ働き人が出てきてほしいと願います。

教会や牧師先生方のバックアップも必要です。若者たちの内にある可能性を潰さずに育てていきたいと思います。

アメリカNBAのプロバスケットボール選手であるステファン・カリー選手（ゴールデンステート・ウォリアーズ）は、世界最高峰の現役選手と言われています。彼はクリスチャンとして明確に信仰告白しており、年間最優秀選手の表彰式のインタビューでもキリストを証しして多くのバスケファンに影響を与えています。彼はプロとして、日曜日にいわゆる教会生活を送れる状況にありませんが、そのような中にあっても信仰は強められ、多くの人に主にある希望を伝えています。

全員が彼のようになれるわけではありません。しかし、私たちの目の前にいる若者が将来そのような選手にならないとはだれも言い切ることができません。チームの中に一人でもクリスチャンがいる状況は日本ではまだ稀です。しかし、もしいたならばその彼はチームにとっての灯でもあると言えます。そういうクリスチャンバスケ選手があちこちに起こされ、それぞれの場所を主の光によって照らしていく。そのような働きの延長

線上にカリー選手のような証し人が生まれるのだと私は信じています。そしてそのような選手が一人生み出されれば、日本に大きなインパクトを与えることができます。

　その選手が大成しなかった場合でも、その仲間が救われて周囲に福音を伝えていく場合もあります。私たちでは入っていくことのできなかった場所に光を灯した彼らが遣わされていくことができるように、祈り励ましていきたいと思います。
　ですからもし身近にクリスチャンの選手がいるのであれば、ぜひ彼らのそばに行き、共に祈っていただきたいと思います。クリスチャン選手としての可能性を潰さず、成長を期待し、応援し、部活のなかでも全力で信仰をまっとうできるように応援してほしいのです。

今後に向けて

　TYJCのネットワークは、各グループの働きを尊重しつつ、情報共有や交流を通して活動がより活発になることを願っています。それぞれが励まし合って一致してバスケットボール界に主の福音を携えていきたいと願っています。この働きに関心のある方はぜひご連絡ください。一緒に取り組んでいきたいと思います。

「サッカー教室」というミッションフィールド
シーホースサッカー

横田昌幸

この働きの成立ち

　米国シーホースのディレクターであるポール・ギジーは、日本で長年宣教師として活動をしていた両親のもと、神戸市三宮で生まれ育ちました。十代後半で米国に帰国した彼は、大学卒業後4年間プロサッカー選手として活躍しました。その後、クリスチャン高校の校長として務めていました。まさに安定した生活があったその最中に、神さまからの召しを受け、サッカーを通して伝道をする宣教団体（Missionary Athletes International、以下MAI）を数名の仲間たちと立ち上げたのです。カリフォルニア州を中心にサッカー伝道を繰り広げていた彼は、1995年1月に起きた阪神・淡路大震災のニュースを見て大変ショックを受けます。そして、サッカーを通して日本の皆さんを励ましたいという思いが与えられ、1996年以降毎年夏に日本へのサッカー伝道を行うようになりました。

　1997年、そのチームの一人として私も初めてそのサッカー伝道に参加しました。そのとき、大好きなサッカーを通して神さまと人に仕えることができるという喜びを学びました。その後、2005年まで留学生活を続けながらサッカー伝道に参加し続け、2005年1月には宣教団体MAIに入り、日本に帰国しました。しかし、前例の少ない日本で夏の宣教活動以外に、どのように「サッカー伝道」を繰り広げることができるのかと悩み、祈り続けていました。そんなある日、一般のお仕事をしながら宣教に励んでいるニュージーランド人と出会い、社長がクリスチャンである会社に勤めるよう勧めてくれました。その会社に勤めている間、社長をはじめスタッフの皆さんのご理解とご協力を得、夏になればサッカー伝道のお手伝い、春になれば東京で行われているサッカーキャンプでの奉仕など、限りあるサッカー伝道の機会に100％で臨むことを許していただきまし

た。

　祈り続けて4年後、「サッカー教室」という形で仕えるという志が与えられました。長年、サッカーをプレーする側に立ってきましたので、「サッカーを教える」などという発想は今まで一度もありませんでした。しかし、帰国後に与えられた数々のサッカーキャンプで、あらゆる年代の子どもたちと接点が与えられ、この一人ひとりと過ごす時間を尊く感じる思いが与えられていることに気づかされました。「サッカーが好き、子どもたちが好き」という共通点を用いてサッカー教室という形へと導かれたのです。

　この志を聞いた米国留学時代のブラジル人の友人も、家族と共に来日してくれました。しかしそのころの一番の課題は「場所の確保」でした。サッカー教室を共に始めるために友人家族が来日した後も、実際に活動できる場所がなかなか見つからないという現実がありました。非常に心が試されましたが、不思議と神さまの平安が心に満ちていました。人間的には何の可能性も見えていなかったのですが、必ず道が開かれると信じていました。そんななか、一度断られた場所にもう一度足を運びお願いしたところ、「ちょうど空きが出たから、どうぞ」と言ってもらえたのでした。

　来日した友人家族の助けを受け、2010年9月、シーホースサッカー・インターナシ

ナルクラブが開校しました。その際も、私たちの志に耳を傾け、理解を示し受け入れて応援してくださる教会が与えられたからこそ、この家族は来日できたのでした。

目指すゴールは二つ！

　ビジョンは山ほどありますが、次の二つのことにすべてがつながります。一つめはサッカーというフィールドで神さまと人に仕え、地域の方々に聖書の神さまを紹介することです。二つめは、クリスチャンの家族にとって、信仰生活を充実させる励ましの一つとなることです。平日にも神さまを中心とした時間を過ごす機会の一つとなっています。もちろん、神さまのことを知ってもらいたいというのが一番の願いであり、祈りですが、サッカーの上達や英語に慣れるということにもフォーカスを置いています。

この働きの特色

　シーホースサッカー・インターナショナルクラブをサッカー教室という形でスタートするにあたって、最も大切にしたことは、「この働きの中心は神さまであるということを、目に見える形にする」ということでした。正直、とても勇気が必要でした。しかし、サッカー教室に入会してくださる親子に対しても、「開けてビックリ」という形にならないようにしたかったということと、自らの弱さを自覚していますので、聖書のお話をする機会をしっかりとした形で持ちたかったのです。

　サッカー教室に入会していただくにあたって、まず体験会には必ず２～３回来ていただきます。十分に練習を味わってもらうと同時に、「聖書のお話をします」等の内容が書かれた同意書も読んでいただき、サッカー教室の運営方針がそのご家族に合っているかどうかをよく吟味して入会の決断をしていただいています。神さまはこの方法に対して恵みをもって応えてくださいました。サッカー教室がスタートして以来、保護者の方々が子どもたちを見守るなか、毎回、練習前と練習後に生徒と共に神さまに祈る機会が与えられています。

　毎月月末にはゲームデイ（Game Day）を設けています。その日は文字どおり、たくさん試合をすることができる日です。そのお楽しみの前に「バイブルメッセージタイ

ム！」があります。生徒たちはこの時間をとても楽しみにしてくれています。時にはゲストを招いてお話をしてもらうのですが、特に外国人が話す時などは、生徒のみならず保護者の方々も耳を傾けてくれます。

　また、1年の内に三つのイベントを行っています。夏は米国チームと共に、サッカー国際交流イベント、冬にはクリスマスイベント、そして3月には年度末イベントがあります。夏のイベントにおいては、主に米国チームの方々（2016年はバイオラ大学女子チーム）に皆さんの前で、証しをしてもらっています。クリスマスイベントでは、保護者の皆さんにも、イエス・キリストの誕生にちなんだ聖書のお話をします。年度末イベントでは、1年間の練習の成果を賞状にして、一人ひとりにメッセージを添えます。これら三つのイベントのほかには、月に一度体育館をお借りしてフットサルも行っています。このように、通常の練習以外の機会をできるだけ多く持つことで、時間を過ごすチャンスを増やし、サッカーをしながら、信頼関係を築かせてもらっています。

　もう一つ、特に気をつけていることは、「言葉遣いと態度」です。コーチも生徒も皆で注意をしています。もちろん、丁寧に話すことを心がけていますが、敬語や尊敬語を使用するという意味合いではなく、相手が傷つく可能性のあることを言わないようにしています。上手にプレーできない子に対して見下げた言葉や暴力的な言葉を発した時などは、マンツーマンで話をします。「励ます言葉かけができることや、練習に対して一

生懸命がんばろうとする態度は、いろいろなプレーを簡単にこなせることよりも大切で、すごいことなんだよ」と伝えています。このように、直接的なメッセージタイム以外の時間帯は、価値観を共有するとても重要な機会となっています。価値観を共有するのですから、自分自身がいつも神さまの前に問われなければいけないと心に言い聞かせています。

神さまのみわざと恵み

ある日、特別学級のアシスタントとして小学校に行っているクリスチャンの方からこんなお話を聞きました。「パニック症の女の子が大きな雷の音に怖がっていたら、後方の席から『そんな時はイエスさまにお祈りしたらいいんだよ』と言って、お祈りしている男の子がいたんです。『どこかの教会に行ってるの？』と聞いてみたら、『シーホースっていうサッカークラブに毎週行っている！』とその子は答えていましたよ。神さまが働いておられますよ」と話してくれました。練習前後に子どもたちと共に祈る機会が与えられていること自体、大きな恵みなのですが、神さまが子どもたちの心に働いてくださっていることを知ることができて、涙がとまりませんでした。フィールドで生徒たちが集まり、まず最初に神さまを中心にお招きできることは最高の喜びです。

また、クリスチャンのご家庭から来ている生徒たちもいます。特にメッセージの時には、「この話、知ってるっ！」、「おれ、神さま信じてるしっ！」等のコメントを力強く言ってくれます。心強い応援団です！　クリスチャンの保護者の方々も、フィールドでほかの保護者の方々と良き交わりを持ってくれます。「生徒家族」という立場をもって、共にミニストリーに携わってくださっているのです！

3年の間、非常に多くの犠牲を払ってくれたブラジル人の友人家族も2014年の春に米国に帰国しました。しかし、いつも神さまは励まし人を送り続けてくださっています。フィールドではいつも一人ではなく、イエスさまご自身とたくさんの励まし人に囲まれてサッカーの練習を行っています。

2015年の春休みには、長年祈り続けてきた米国へのサッカーツアーを開催し、参加した生徒や保護者の方々と約10日間時間を共有しました。参加者は現地のクリスチャ

ンとサッカーをしたり、クリスチャン大学の訪問や、クリスチャンのご家庭にホームステイをして共に教会へ足を運んだりという貴重な体験をしました。そんななか、生徒の一人が、「将来この大学に来たい！」と言っていました。言葉を並べなくとも、神さまが中心である生活そのものがどれだけ素晴らしいものかを体験した結果だと感じました。

　上記でお話ししたような形でサッカー伝道の働きに携わっていますが、この働きそのものが今日まで継続されているのは、何かの「工夫や方法」によるのではなく、こんな私たちでも用いてみわざを現してくださる神さまの力によります。五つのパンと二匹の魚を差し出した少年のように、人の目には「何の役にも立たない」と思われるような量しか持っていなかったとしても、神さまのところへ持っていけば、その「役に立たない」ように見えるものが使われて奇跡が起こります。何を持っているのかさえわからなくなる時でも、私たち自身を使ってくださいと差し出す時、神さまはいつもその思いを大切にしてくださいます。失敗ばかり繰り返して、少しも成長していないように見える私たちを独りにせず、必ず用いて栄光を現してくださるのです。また、神さまは2005年に帰国して以来、ずっと応援してくださる米国の方々や、日本の教会、個人の方々を立ててくださいました。このお一人おひとりの多くの祈りと多くの犠牲なくして、この働きは今日まで継続されていません。

　今回、これらのこと一つひとつを書き記すことで、再び神さまの深いご配慮を心に覚えることができました。開校時、生徒は私の息子（当時5歳）、ブラジル人家族の娘（当時5歳）、教会の友人家族の息子（当時6歳）の計3人でした。多くの方々の祈りと犠牲の中、神さまのあわれみと恵みを受け、現在は55名の生徒が託されています。生徒のご家族を含めれば、関わりを持たせていただいている人数はこの数の2倍3倍となります。私たちにとっては全員、本当に大切な家族です。

　このサッカー教室は神さまのものです。主権は神さまにあります。神さまにすべてをお返しします。

　「私たちにではなく、主よ、私たちにではなく、あなたの恵みとまことのために、栄光を、ただあなたの御名にのみ帰してください。」（詩篇115:1）

付録

青少年向け　アイデア集

少人数で手軽に楽しむ

　人数が少ないから、スポーツができない……なんてあきらめていませんか？　少人数であれば、その人数で楽しめるスポーツがあります。たとえば、ストレッチ方法を学ぶだけでも良いでしょう。これは一人でもできますし、複数でもできます。忙しいなか、ストレッチをする時間を合わせるのは意外と難しいかもしれませんが、のびのびとした時間を確保していくときに新しい交わりが生まれるかもしれません。ハイキングも少人数から始められます。おしゃべりしながら景色を楽しんで登れる山もあれば、登山グッズを一式揃える必要がある過酷な山もありますが、どちらも少人数から始めて、共に励まし合いながらできるものではないでしょうか。

　また、もしスペースに余裕があれば、卓球台やポータブルのバドミントンネットなどが一つあるだけで、手軽にスポーツを楽しむことができます。卓球台もポータブルのバドミントンネットなども、出しやすく片づけやすいのが特徴です。そして、「あそこで卓球やバドミントンが気軽にできる」ということが地域に広まれば、だんだんと仲間が増えていくこともあります。

スポーツ観戦に出かける

　サッカーのJリーグやワールドカップ、プロ野球、相撲、フィギュアスケートなど、いろいろなスポーツを共に観戦することができます。高額なチケットを取得して観戦することがほとんどで、青少年世代には難しい場合もありますが、青少年世代とプロが戦う生の試合を観に行くことは、その息遣いと迫力を肌で感じ、憧れの選手の技に感動し、まただれかの人生を応援することにもつながります。スポーツを観戦することも、青少年世代が人生を豊かにするものの一つではないでしょうか。

仲間と施設を利用して楽しむ

　特別な施設を利用するスポーツとして、ボルダリングやボウリングなどの室内で仲間と楽しむものや、ラフティングなどアクティブなものがあります。これらのスポーツは特別な施設が必要ですが、仲間同士で一緒に出かけて、イベントとして楽しむことができます。ボルダリングで上まで登れたとき、課題をクリアしたときの達成感、またボウリングで良いスコアを出したときの盛り上がり、力合わせてボートをこぎ、川を下る、そのときの空気を味わうことによ

り生まれる一体感もあります。どれもルールは難しくなく、エンターテイメント性もあり、初心者でも参加しやすい類のスポーツではないでしょうか。

本格的にスポーツをする

　今までのスポーツの経験を十分に生かし自分が習得したスキルを教え、スポーツの楽しさを伝えることができるようになると、スポーツを楽しむことの幅が広がります。こういう人はたいてい、本格的にスポーツに取り組んできた人たちです。技術を向上させるために人一倍練習や努力をし、スポーツを通して成長してきた人は、"Just for fun（楽しむだけ）"ではもの足りなくなってきます。スポーツの醍醐味は、スポーツそのものを楽しむことに加え、自分が身につけたスキルを試し、挑戦したときにこそ味わえます。また相手と自分の関係の中で自分を最大限に活かす、仲間の中でお互いを活かし合うことを考えてスポーツに取り組むことが多いようです。プレッシャーに打ち勝ち、チームメイトや応援してくれる家族・友人たちとの信頼関係を築き、お互いを成長させるきっかけになります。もし今何かスポーツに取り組んでいて、対戦相手をお求めの方は、JiSPへご連絡ください。

運動部に入っている中高生に対して

　運動部に入っている中高生は、その部活の練習や試合などで休みの日まで自分の時間が持ちづらい場合があります。しかし、中高生世代の間に、部活動や所属するクラブで練習をたくさんした、試合に勝った、負けて悔しい思いをした、共に目標を同じくする仲間を作った経験は、長い人生の中でかけがえのないものです。そんな彼らと関わりを持ち続け、また彼らとみことばを分かち合うにはどうしたらよいでしょうか。クリスチャンは教会に来て礼拝ができるか、できないか、ということに目を向けがちですが、もし彼らが来られないのであれば、こちらが出て行くのはどうでしょう。たとえば、クリスチャンの仲間たちで応援に行ったり、日曜日でなくても、メールや電話、SNS、手紙などで彼らを励ましたりすることができるかもしれません。どのような場所でも、試合に出る彼らのため、試合には出なくとも選手をサポートする彼らのために祈り、みことばを分かち合うことができるのではないでしょうか。運動部で活躍する中高生が礼拝できる場を提供していきたいものです。

　このように、青少年に関わるスポーツのアイデアとして、身近なことから始められることが多くあります。スポーツをする人が、さらにその友人を連れて来て交わりが広がる、スポーツ

が教会同士でネットワークが広がるきっかけにもなります。

　少人数から大人数、初心者から経験者、身体一つでできることから道具や施設が必要なものまで、スポーツの可能性は幅広くあります。あなたの置かれている状況はどんなところでしょうか。ぜひ共に取り組んでいきましょう。

子ども向け　アイデア集

キャンプ、子ども礼拝や伝道集会などで使えるアイデアを紹介します。
子どもたちに最高の素晴らしい日を提供できることを願っています。

ゲームアイデア

ゲームはただ楽しむだけでなく、さまざまなメッセージを届ける手段として用いることができます。たとえば「聞く」要素が入ったゲームには、神さまがサムエルに初めて語った場面（Ⅰサムエル３:１-９）について、ゲーム後に分かち合い神さまのメッセージを伝えることができます。

	目的
369Hey ４人以上で立って向き合って輪になり一人ずつ１から数字を言う。３、６、９の入った数字は発言せず、手を叩く。間違えた人はアウト。	集中力
リバース リーダーが前後左右の指示をする。子どもたちは聞いて「前」と言われたら、前にジャンプする。後左右も同様。慣れてきたら、言葉と反対の動作をする。前と言われたら後ろにジャンプ。レベルを上げるには、二人組になって一人が前の人の肩に手を置いてする。または、３人以上が一列につながってチームでするのも面白い。反射神経などを競う。	聞く 反射神経 協力
シナモンロール ５人以上で立って横に並び、隣同士と腕を組む。スタートの合図で片端の人から体を回転させながら、もう片端のチームメートまで回転していく。シナモンロール状になったら、回転しながら横一列に戻る。制限時間を設けたり、対戦相手と競ったりする。	協力

クッキー

平らなクッキー1枚（オレオ等）をおでこに乗せる。スタートの合図で顔の筋肉のだけを使いクッキーを口まで運び食べる。

用意する物：平らなクッキー

面白さ
集中力

名 前

5人以上で立って向き合って輪になり、鬼を一人決めて輪の中に入る。輪になっている人が自分と他の友だちの名前を言う。名前を言われた人は同じく自分とその他の友だちの名前を素早く言う。言っている間に鬼にタッチされたら鬼の交代。

友だちを知る
聞く
反射能力

Stand up

4人以上で向き合って輪になって座る。お互いに手を取り、「せーの」の合図でみな一緒に立つ。バランスが崩れて立てない時は、チームで話し合いを持ち、立てるまで挑戦させる。

協力
協調性
忍耐

ゴムを渡せ

4人以上で一列になる。スパゲッティの麺（茹でてない状態）を子どもに一本ずつ配り、麺を口に挟む。以降手を使ってはいけない。列の最初の人が輪ゴムを麺でとり、後ろの人に渡していく。輪ゴムは一つずつ渡す。列の最後の人

協調性
集中力

は渡された輪ゴムを特定の位置まで運ぶ。時間内で輪ゴムを集めた量を競う。
　用意する物：ゴムとスパゲッティ麺

人間○×ゲーム

　床にフラフープを3×3（9個）に並べる。2チーム（1チーム4人以上）に分け両チームのチームメート一人ずつに数字を割り当て覚えてもらう。リーダーが数字を言い、その数字の人はフラフープの中に入る。チームで先に縦または横列を作れたほうが勝ち。
　用意する物：フラフープ

責任感
協力
コミュニケーション

水運び

　4人以上で一列になり、先頭の人はバケツから手で水をくみ、隣の人もどんどん水を運んでいく。最後の人は空のバケツ（容器）に入れる。時間内で水を多く溜めることのできたチームの勝ち。
　用意する物：水、バケツ、計量カップ（水の量を測る）

協力

バイブルストーリーアイデア

目で見て、耳で聞いて、手で触って、話してなど体験を通して聖書のストーリーをより自分のものとして身近に感じることができます。

実体験

聖書の箇所を聞きながら、体を動かす。

例：マルコ4：35

子どもたちを集めて床に座らせて、弟子たちのように船に乗っていることを想定させる。風、波、睡眠、のジェスチャーを教える。リーダーはこのストーリーでそれらの言葉を何回も発言し、子どもたちはこれらの言葉を聞いたら、一斉にジェスチャーをする。

ゴスペルブレスレット

黄色・黒・赤・白・緑の5色の色が並んであるブレスレットを用いで福音を伝える。黄色は天、黒は罪、赤は血潮、白は救い、緑は成長を意味する。

絵描き

ストーリーを聞きながら、絵を描く。

例：子どもたち一人ずつにA4白紙を渡す。真ん中に縦線を引き、横に3線均等に引いて、8マスできるようにする。神が創造したプロセスを聖書で読みながら、1日ごとに1マス使って創造された順に絵を描く。8マスめは、自分の好きな聖書箇所など自由に記入できる。

スキット

聖書の物語を劇として子どもたちに見せる。

クラフト

聖書の言葉を工作や塗り絵をしながら体験していく。

例：エペソ 6：10 以下の神の武具の塗り絵を用意する。ストーリーを聞きながら色を塗っていく。または段ボールなどで武具を作り意味を深めていく。

Fun アイデア

みんなそれぞれに神からの賜物、情熱、想いが与えられています。さまざまなことを体験させて一人ひとりの可能性を引き上げていきましょう。

バルーンアート／フェイスペイント／1分間ゲーム競争／ダンスコンテスト／タレントコンテスト／着ぐるみ／マジックショー／クイズショー／水鉄砲大会／スポーツ大会

リソース

以下の資料（英語のみ）には自由に閲覧でき無料でダウンロードできるビデオ、歌やアクティビティなどが多々あります。

Max7: http://www.max7.org

ReadySetGo : http://readysetgo.ec/en

挑戦すれば、成功もあれば失敗もあります。
でも挑戦せずして成功はありません。
何度も言いますが、挑戦しないことには
始まらないのです。

元プロ野球選手　野茂英雄

(出典)『一瞬で人生を変える』魂の名言.com

コミュニティー向け　アイデア集

◆スポーツ教室：主な対象—青少年、近隣チーム、近隣学校

　海外のスポーツミニストリー宣教団体が派遣する短期宣教チームや国内で活動するクリスチャン選手、指導者と連携して1日スポーツ教室を開きます。スポーツ教室の対象は、地域の学校や青少年のスポーツチーム、一般向けなど。時間は主に2-3時間。プログラムの内容は、短期宣教チームやクリスチャン選手、指導者によるスポーツ指導（主に基礎練習と実践）と証し。プロ選手などが参加する場合は、選手の証しカード配布、サイン会や記念撮影などを行います。オリンピックに向けて短期宣教チームは増えてくると予想されますが、定期的に活動している団体（かけっこ教室、UPI〔野球：アメリカ〕やシーホース〔サッカー：アメリカ〕SMiA〔バスケットボール：フィリピン〕など）もあります。時期は週末や休日、夏休みなどが適しています。

◆スポーツキャンプ：主な対象—青少年

　クリスチャンキャンプ場や公共の宿泊施設を利用したキャンププログラム。経験豊富なプロ・アマ選手や指導者が指導するスポーツプログラムとキャンプスタッフによるキャンププログラムの特徴を活かし、日中はスポーツプログラムを中心に構成し、夕方以降は賛美、伝道集会、カウンセリングの時を持ちます。これらのキャンプは初心者から参加できるものもあり、中級者向けキャンプは具体的な指導を伴った技能向上も見込めます。クリスチャ

ンキャンプ場が主催するプログラム（サッカーキャンプ＆かけっこキャンプ〔奥多摩バイブルシャレー〕）もありますが、会場を確保して独自に企画することも可能です。

◆スポーツ大会：主な対象―青少年、近隣チーム、学校、スポーツミニストリー団体

教会やスポーツミニストリー団体と合同でクリスチャンが主体となって行うスポーツ大会。各教会や団体がチームを作り、カップ戦やリーグ戦を行います。大会はさまざまな趣旨で行われていますが、主にスポーツ愛好家に向けた伝道へのきっかけや弟子訓練、各団体間の交流の場、日々の練習を実践する場として用いられています。（Thank You Jesus Cup〔関東／関西〕、JEDドッジボール大会など）

◆コミュニティフェスティバル：主な対象―一般

地域に向けての教会主体のイベント。会場は公共の広場や公園を使用します。フェスティバルの主な目的は、地域活性化の支援および教会と地域の架け橋となることです。フェスティバルでは、U字状の中心で大人数プログラム（パラバルーン、大縄跳びなど）を行い、U字を囲むようにさまざまなアクティビティ（フェイスペイント、ミニゲーム）を配置、食事のできる出店も用意し、1日中参加者が楽しめる環境を作ります。

◆チャプレン

チャプレンとは、スポーツをする場において、選手や指導者の霊的支援をする働きです。その働きは、海外では広く認知されており、多くの大学にチャプレンがいます。大学アメリカンフットボールの試合をテレビで観ると、試合後に中心に両チームが集まり、共に祈るシーンをよく見かけますが、その祈りのリードをしているのがチャプレンです。オリンピックなどでは、選手村で

礼拝を守るため、公認団体よりチャプレンが派遣され、選手や指導者と共に祈り、福音を宣べ伝える働きも村内でされています。

日本では、ミッション系大学のアメリカンフットボール部などにはチャプレンがいるようです。またエスペランサ・スポーツクラブは、本郷台キリスト教会が母体のクラブチームで、チャプレンが教会より派遣されています。チーム所属選手やスクール生のほとんどは、福音に一度も触れたことのない家庭から来ていますが、毎週、チャプレンからみことばが語られ、毎朝みことばとデボーションガイドが選手たちにSNSを通して配信され、選手たちの信仰決心、霊性向上のために用いられています。

日本では競技団体が存在するにもかかわらず、チャプレンの認知度はまだ低いのが現状です。競技者の多くは週末に大会があり、教会へ行くには、さまざまな壁を乗り越えていかなければいけません。その壁を越えるために、教会との橋渡し的役割を担うチャプレンの働きは重要と言えます。

> 効率だけでなく、
> 一見すると無駄なことのほうが、
> 本当の練習になる。
>
> 元競輪選手　中野浩一
> (出典) 心の常備薬

ワールドカップ・オリンピック伝道　アイデア集

　2012年に開催されたロンドンオリンピック／パラリンピック大会では、英国内の15教派60団体から派遣された300名により、オリンピック伝道プロジェクト実行委員会が運営されました。また英国内の教会や宣教団体と海外のスポーツミニストリー団体が連携し、大会期間中は40か国から2,100もの短期宣教チームが英国に派遣されました。これらの宣教チームは国内の300教会へ派遣され、近隣地域で活動をし、教会主体で行われたイベントやフェスティバルには延べ50万を超える地域の人々が集まりました。また背後で、英国内の69地域で2,300名の方が連鎖祈祷によって大会を支えました。

　ここでは、この2012年ロンドンオリンピック／パラリンピック大会をはじめ、これまでに世界的スポーツイベント中に実際行われたアイデアを参考に、日本でも今後展開できるアイデアをご紹介します。またあわせて国内で実際に取り組んできた団体、ネットワークも紹介していきます。

教会内の活動アイデア

スポーツ祈祷会

　大会参加国や選手たちに焦点をあてた祈祷会。参加国の状況や派遣されている宣教師のため。クリスチャン選手、関係者が大会を通して良い証し人として用いられるように。まだ福音を聞いたことのない選手や関係者、観戦で来日する観客がこの大会を通して、福音に触れられることを祈ります。また、開催地の地域グループと情報共有し、連鎖祈祷会やグループでの一致祈祷会を持つことも可能です。より具体的に祈るため、その国々の情報や参加選手を調べ、地図や画像などを用意すると良いでしょう。

スポーツ礼拝

　スポーツを主題にした礼拝。ヘブル人への手紙12章1節などスポーツにちなんだみことばによるメッセージやクリスチャン選手の証しを礼拝プログラムに取り入れます。また礼拝中に教会へ来ている選手（部活やクラブチームなど）や指導者、関係者のため祈りをします。この祈りは、彼らが所属するチームで主の証し人として用いられるように派遣や祝福のためです。また彼らを通して、彼らが所属する選手や関係者を招いて祈ることも教会に来ている選手や指

導者たちを励ましとなるでしょう。

キッズゲーム

1−3日間の小・中学生（難易度を調節してユース、青年、家族対象も可能）を対象としたデイキャンプイベント。このイベントは教会やキャンプ場など、場所や人数（10名以下からに応じて企画することが可能です。このイベントは主に3種類のゲーム要素（ファンゲーム、コンペティティブゲーム、体験学習ゲーム）を中心に構成され、時間により賛美や聖句暗記、スポーツ教室など、奉仕者の賜物を活かしつつ柔軟に追加していくことができます。体験学習ゲームは、このキッズゲームの核となる部分です。①ゲームで得た経験を、②質問によって深掘りし、③その経験にちなんだ聖句からメッセージ、④日々の適応という4つの工程を一まとめに関連づけたアクティビティです。キッズゲームは、復興支援ボランティアなど、直接福音の語れない地域へ向けて行うこともできます。この場合、一般でも受け入れられる内容（隣人愛など聖書に基づいた人生の価値観など）をメッセージや適応にあてはめて行うことも可能です。この体験学習ゲームの準備方法や実例は、キッズゲームのリーダー向けに提供されている講習会などで学ぶことが可能です。

パブリックビューイング

大型テレビやモニターを用意し、教会の集会室などで試合を観戦するイベント。試合休憩中などに出場国や選手への祈りやメッセージの時を持ちます。このイベントを行う場合、参加料の徴収や外部へのチラシ案内など宣伝をした場合、試合放映のライセンス料を請求される場合があるのでご注意ください。

地域での活動アイデア

トラクト、DVDの配布

大会に向けて、みことばやクリスチャン選手の証し、大会情報をまとめたトラクトやDVD、雑誌などさまざまな配布物が作成、出版されます。これらは大会に関する情報があり、普段は福音に関心のない方にも、気軽に手にしやすい配布物となっています。（TUV/BIND、7メディア、AIAなど）

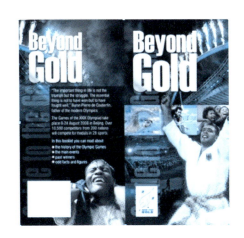

試合応援支援：主な対象—競技者、観衆

マラソンや自転車競技など公道を使用した競技が教会近辺で行われる際に、選手や観衆の応援支援をします。コースに隣接する教会のスペースを用いて、聖歌隊が賛美により選手を応援。観衆にトイレや休憩所として解放するなど、さまざまな支援が行えます。

ボランティア活動参加

大会には多くのボランティア（大会運営、通訳、案内、清掃、救護など）を必要とします。ボランティア団体へ登録し、積極参加することで、隣人への奉仕の実践をしていきます。また地域に良き証しを立てていくことにもつながります。（TUV/BIND）

教会に若者がいないのですが……

(米内) そうですね。日本の多くの教会の悩みです。

まず、だれを対象にするか考えてみたらよいかもしれません。青年ではなくとも、子どもたちであれば、キッズゲームなども可能性があります。女性や高齢者の場合には、室内での運動も助けになります。私たちの教会でも青年とは別に、子どもを対象にした「かけっこ教室」や妊婦さんのための「体操」もしています。

もし、青年層へのアプローチを考えるとすれば、若者がいるところへ出て行って、彼らが遊んでいる様子などを観察することです。あなたや教会が、その地域でできることが必ずあるはずです。この本も利用して、あきらめずにヒントを見つけ出してください。

指導者がいないのですが……

(米内) ミニストリーをどう進めていくかをイメージしてみてください。

今すでに一緒にいる仲間で楽しむということであれば、まずは一緒にスポーツを楽しんでみることです。

次に、どうしても指導者が必要という状況になった場合には、工夫が必要ですね。一つめは、近隣の教会にそういう人がいないか探すことです。二つめは、教会の関係者でなくとも指導してくださる人がいれば、あなたがその人と一緒にプログラムを相談してみることもできます。どちらも難しい場合には、JiSPに声をかけてください。ご相談に乗ります。

何かを始めようとすることは荒野に川を設けるようなことです。みなそういうところを通ってきました。必ず主の導きがあります。

スポーツミニストリーは聖書的なのでしょうか。

(米内) ご心配なのは、スポーツをすることで日曜日の礼拝に出席できなくなるのではないか、ということかもしれません。あるいはスポーツは競争や戦うことに通じるの

ではないか、という懸念もあるかもしれません。

　でも実は、それらはスポーツそのものが悪であるからではありません。音楽の場合も同じです。スポーツもそれを活用する人間に課題がある場合がほとんどです。ですから私たちはスポーツを正しく位置づけるようにと願っています。

　スポーツにたとえられるような表現を聖書にいくつも見いだします。たとえば「競技場で走る」「闘技する」「冠を得るための自制」「決勝点」「拳闘」「失格者にならない」（Ⅰコリント10:24以下）などです。この直前には「私はすべてのことを福音のためにしています」（同23節）とあります。

　ぜひご自身でスポーツ伝道の豊かさを味わってみてください。

スポーツミニストリーで人が集まっても、結局は教会に定着しないのではないでしょうか？

（金子）　スポーツは、世界共通語の一つです。たとえ言葉が通じなくても、スポーツを通して世界中の人と仲良くなることができるのです。これは地域の方々とも同じです。スポーツを通して、地域の方々とも仲良くなることができます。もちろん、仲良くなるだけでは、その人がイエスさまを信じて教会につながることはありませんが、それは他のどんな活動（たとえばゴスペルや趣味のサークル等）でも同様です。作られた良好な関係を、次のステップにつなげていく必要があるでしょう。別項にあるドッジボール・ミニストリーでは、土曜日に練習試合をして、日曜日には出場した子どもたちを「作戦会議＆感謝会」と称して教会に招き、礼拝とお菓子パーティーを一緒に行って定着を図っています。関東のある教会ではバスケチームを作っていますが、練習後にいつも楽しい交わりを企画しているようです。スポーツミニストリーで作られたさまざまな人間関係、地域との絆をどのように活用していくかが、大切なポイントになります。

定期的に場所を確保するのが難しいのです。

（池田）　そうですね。確かにスポーツミニストリーを始めようとすると、場所の確保が難しいのです。

スポーツミニストリーを始めるときに二つの方法があると思います。一つは、主催して人を招いて伝道する方法、もう一つは、すでにスポーツが行われている場所やチームに入って行って、人間関係を築いていく方法です。

　主催していく場合は、競技によって使う場所の広さも違いますので、一概には言えませんが、一般の場所を使う場合は抽選が多いでしょう。その場合、たいていは複数箇所の候補地を抽選にかけて、当たった場所で行います。重荷を持つ人で祈り合い、知恵を出し合うことも大切です。散歩の最中に見つけた場所を貸してくださった、という証しも聞いたことがあります。あきらめずに祈り続けていくことが大切です。

　また、出て行って人間関係を築いていく場合には、チームに所属する以外に、公民館や体育館が一般開放されている時間に出て行って、卓球やバドミントンを通じて知り合いになって教会に誘ったというケースもあります。そんなところから始めてもいいのかもしれません。

JiSPとはどういう団体ですか？

　(池田)　JiSPは、日本国際スポーツパートナーシップ（Japan International Sports Partnership）の略で、「ジスプ」と呼んでいます。JiSPには、二つの側面があります。一つは国内向けで、ネットワークの構築を目標としています。スポーツが好きだけれど、あまりクリスチャンの仲間がいない。スポーツ仲間に福音を伝えたいけれど、救われても日曜日の礼拝に連れて来るのは困難であるなどの悩みを抱えている人たちを結びつけて励ましたり、各地で行われているスポーツ大会やキッズゲーム、トーナメントなどの情報を共有し、スポーツ伝道を盛り上げたりしていきたいと考えています。

　また、もう一つの側面は、世界のスポーツミニストリー団体との架け橋となったり、日本の窓口としての働きをしたりしています。海外から来るスポーツミニストリーチームの情報を共有したり、リーダー訓練会などを開催したりしています。毎年開かれるスポーツミニストリー団体の国際会議には、世界各地から宣教団体のリーダーたちが1000人近く集まりますが、JiSPからも毎年参加して、世界とのネットワークを築いています。

世界ではスポーツミニストリーはどのくらい広まっているのですか？

　(池田)　世界ではスポーツを通して活発な宣教がなされています。ほとんどすべての競技にクリスチャンがいると言ってよいでしょう。なかにはオリンピックメダリストになったクリスチャンもいます。一流のアスリートたちの霊的なケアのために、チャプレンという働きもあり、オリンピックの選手村などには各国の言葉を話せる牧師たちが配置されます。クリスチャンのフィジカルトレーナーとして活躍している人、通訳やマスコットキャラクターに入って活躍しているクリスチャンもいます。

　大学生世代に伝道するために特化している団体もあれば、プロ選手に対して伝道する団体もあります。キッズゲームなどレクリエーション的な企画を考える団体や、教会が用いることのできるプログラムを提供している団体もあります。サーフィン、サッカー、ベースボール、ゴルフ、ダンス、格闘技、最近ではエクストリームスポーツをする人たち向けの宣教団体もあります。いろいろな取り組みがあって、クリスチャンの層が広がっているように感じます。

日本で活動している団体はどのようなところがありますか

　(池田)　はい。日本でも最近スポーツミニストリーをしている団体が増えてきています。この本の巻末に情報を載せているので参考にしてください。

コンタクトを取りたいのですが、どこに連絡したらいいですか？

　以下のアドレスにメールしてください。

info@theultimatevictory.org

　また、ホームページ、フェイスブックもチェックしてみてください。

http://theultimatevictory.org/

世界のスポーツミニストリー紹介

AF（Ambassadors Football〔通称アンバサダース〕） 米内宏明

　1990年にイギリスのボルトンでAmbassadors in Sport（AIS）として始まりました。2013年にAmbassadors Footballと名称変更しました。アンバサダーズは、草の根的なサッカーのミニストリーを世界各地で開発するために、アスリートを宣教師として位置づけ、地域教会や宣教団体と提携した2013年から使用しています。

【ロケーション】
　現在（2016年）は、22か国にオフィスを置き、さらに拡がりと深まりを求めて活動をしています。

【日本との関わり】
　名前を挙げるとすれば、デイビッド・オークリーとジョン・オートリップの両氏を忘れることができません。日本へはじめてチームを引き連れてきたのがオークリー氏で、そこにオートリップ氏も参加していました。オークリー氏は世界でこのミニストリーを導くことができるコーチを育てる役割を担っていました。オートリップ氏は自らが宣教師の二世として、いわゆる欧米以外の国々での宣教に対し深い洞察とメンターの素養を持った人物です。二人とも異文化への理解があり、そういう彼らが日本へ来てくれたことは後に大きな影響をもたらしました。

　ここで、AFインターナショナル・ディレクターのジョン・オートリップ氏の文章を一部引用します。「2000年〜2005年は、（世界中の）伝統的な宣教団体とのパートナーシップが構築される時期となった。この大きな変化は、教会がスポーツミニストリーのもつ将来像をはっきりと認識したことによる。このような団体や伝統的な教会がスポーツミニストリーを受容する動きは驚くべきことであったが、同時に世界の宣教において

も新しい動きが生まれてきている証拠でもあった。（非欧米社会においては）その文化の中にある団体や教会との協力は不可欠であった。その例として日本とのパートナーシップがある。OMF、SEND 国際宣教団、国分寺バプテスト教会と AIS とのパートナーシップが組まれた。この出来事は、少なくともサッカーミニストリーの影響力をキリスト教会が見て取った事例である。」

このような中から、2009 年に AF タイへ福間庸平氏が宣教師として派遣され、現在に至っています。いまアジアでのネットワークが拡がりを見せています。その後、もう一人の女性が同じくタイへ派遣されました。伊藤綾香さんは現在は帰国をして聖書の学びに入っていますが、タイでは地元チームに所属する形で活動を行っていました。

Seahorses   蔦田聡毅

　Seahorses（シーホース、以下 SH）は、中南米や欧州にも展開してきた学生のサッカー宣教チームで、1996 年から名古屋で 7 年奉仕した後、2003 年から活動拠点を関西に移し、現在に至るまで 14 年連続で、計 16 チームが来日しました。静岡や山口にも展開し、尼崎市には 2010 年に Seahorses Soccer International Club（以下 SSIC）、SH の卒業生によって設立されました。
　SH2016（女子チーム）の関西プログラムを、具体例として記しましょう。7 月 29 日（金）夕方、関空に到着。来日前の二、三日の合宿で、日本宣教のオリエンテーションと、伝道プログラム（スキットや歌や証し）の練習を積んできます。宿泊先の教会では、会堂に雑魚寝、移動はマイクロバスと、近隣教会の牧師や信徒の方が交替で協力してくださるワゴン車によって送迎します。このような教会間の相互協力も、麗しい実の一つです。
　これらの滞在費用はほとんど選手自身や送り出す教会が献げ、用意してくださいます。
　翌 30 日（土）の朝から早速尼崎で先述の SSIC の応援。午前中貸切のフットサル場に 100 人超の子どもと親たちが集まります。子どものクリニックだけではなく、有志の

親たちも交えてのゲームも楽しみます。体を動かした後は、選手の証しや奨励、ショートメッセージを届けます。これは期間中の全プログラムの後に行います。30日の夕方からは一泊ホームステイ。31日（日）午後に交流するチームが中心で、近隣教会や信徒の方も協力してくださいますが、ほとんどは未信者家庭です。翌朝は出席する協力教会へ、午後はグランドへと送っていただきます。すると多くの方が一緒に礼拝に出席します。各教会では証しや、CSなどで奉仕します。午後は少年サッカー教室、パパさんチームや関西大学女子チームとの親善試合。

翌1日の交流は今年ならでは、秋の日本伝道会議（神戸）の青年部門とのタイアップで、諸教会に参加を呼びかけて交流試合を行い、教会協力の機会を提供します。2日は午前だけの京都観光ですが、午後から対戦する立命館大の女子チームが、観光案内をしてくれる予定で、学食での昼食会後、試合と例の伝道プログラム。3日の朝には、静岡へ移動します。

今年は夏休み期間中ですが、学期中に来日する年は小中学校も訪問します。公立なので日常は控えざるを得ない宣教も、国際交流という看板の下でSHならストレートに行えますし、今までそのことで問題になったことはなく、得難い宣教の窓口として用いられています。

UPI（Unlimited Potential Inc.）　　　　　　　大上リチャード

「これって、本当なんですか？」

ある子どもの母親が疑い深い声で電話をかけてきました。

「メジャーリーグ（MLB）の選手がわざわざアメリカから来て、ほんとに川崎と横浜で野球教室をしてくれるんですか？ 無料で？ ちょっと信じられないものですから、確かめたくてお電話したんですけど。」

私が受けた問い合わせです。

2002年、MLBにいる友人を呼んでイベントを行いましたが、その時、広告を見た多

くの人がこのような反応を示しました。しかし、これは一度限りのものではなく、今も続いており、UPI が野球を使って伝道をする日本での皮切りとなったのです。

UPI（通称：ユーピーアイ）は、米国で「クリスチャンのプロ野球選手に伝道し、教え、訓練し、神の愛と福音宣教のため世に送り出す」ことを目的として 1980 年に設立されました。スタッフの多くが MLB のチャプレンです。彼らは球場で選手たちと礼拝をし、弟子訓練も行っています。スタッフの夫人らもまた、選手の妻たちのための働きをしています。これまで 60 か国以上に選手を遣わし、ここ 7 〜 8 年は、日本を含めた 8 か国に集中しています。

2002 年に UPI 国際総主事の M・ウェストンがインディアンズ（クリーブランド）の捕手だった E・トゥーベンシー選手を伴って初来日し、当時、巨人の投手だったクリスチャンの J・ワズディン選手も誘って、一緒に野球教室を行いました。この時、大きな反響はなかったのですが、毎年、回数を重ねるごとに大きなイベントへと成長してきています。

1 年目は、日本バプテスト宣教団（JBM）の宣教師が、それ以降は本郷台キリスト教会と共催し、毎年続けられています。2 年目以降、ウェストン氏は日本の子どもたちや青年らにもっと興味を持ってもらえるようにと、夏期野球教室を手伝ってくれるクリスチャンの NPB（日本野球機構）の中から有名な選手を募っています。これまで日本ハムのトレイ・ヒルマン元監督や阪神のマット・マートン選手をはじめ、他球団からも数名が何度も参加してくれました。

野球教室は、基本的な技術を教えた後、選手が信仰の証しをし、ウェストン氏がメッセージを語ります。10 年以上にわたって、子どもから大人まで、毎年 100 人以上が野球教室を通して福音を聞いています。川崎・横浜から始まって、東京、千葉、埼玉、大阪、京都、そして東北……と活動の場所も広がっていきました。参加者の中から救われる人が何人も起こされ、地域教会のメンバーとして野球教室のために奉仕するようになった人もいます

AIA (Athletes in Action International)　　　デーブ・ディール

　創世記の初めのほうに、世界ではたった一つの言語しか使われていなかった時代のことが記されています。今では6,600以上の言語の存在が確認されていますから、もう言葉だけで世界の人々が一つになることはないでしょう。しかし、言葉以外にも世界とのつながりを持たせてくれるものがあります。音楽はその一つであり、スポーツもそうです。スポーツは文化、人種、政治、また言葉の壁さえも越えることができます。スポーツを通して世界中が共通の言語を話せます。アルバニアからジンバブエまで、子どもたちはサッカー球場で何をすべきかを知っています。また、世界中の多くの若者が、自分の好きなスポーツ選手のようになりたいと、一度は夢見るものでしょう。

　1966年以来、アスリート・イン・アクション（AIA〔通称：エーアイエー〕）はスポーツを用いた伝道活動を続けています。スポーツには、人と人とをつなぎ、道を開くことができる特別な力があると思います。人種、文化、社会経済的地位や宗教観を超えて、だれもが皆、勝利の喜びや敗北の苦味を知っているものです。私たちは選手やスポーツに関心のある方々にも福音が届くよう、常に新しい方法を求めています。私たちの最終目標は、「人々が神さまの目的にかなった人生を見いだし、変えられていく」のを見ることです。

　いつの日かすべてのチーム、すべてのスポーツ、そしてすべての国にイエスさまに従うアスリートが存在するようにと願い求めていますが、これは、教会やさまざまな団体、また個々人が、神の国の前進という共通のゴールを持って共に働くならば可能だと思っています。それには協力関係を築くことが不可欠でしょう。地域や教会で、また学校対抗行事、世界規模のオリンピックやワールドカップなど、イベントで一緒に働くなら、人々に与える影響や可能性は無限大に広がります。

何年もの間、AIAはスポーツ界で強い影響力を持つ人々をキリストへと導き、彼らの信仰を強め、福音宣教のために世界へ送り出すことを目的とした働きをしています。今はまだその過程ですが、神さまは必ず各国でスポーツを使った伝道に情熱を持つリーダーを立ててくださると信じます。そのリーダーたちが、与えられている特別な賜物を用いて人々をキリストへと導くとき、国も文化も、永遠へと変えられていくことを心から信じます。

FCA (Fellowship of Christian Atheletes)　　ウィル・トンプソン

1954年以来、FCA〔クリスチャンアスリートの共同体〔通称：エフシーエー〕〕は、イエス・キリストのために、世界に影響を与えるアスリートの力強い伝達手段を用いてプロや大学・高校・中学やユースのコーチやアスリートにチャレンジしてきました。FCAは、キリストのために違いを生み出すため、場所を用意し、力を与え、人々を励ますことで、地域に仕えることを取り組んでいます。

ミニストリーの4つのC

コーチミニストリー (Coach Ministry)

コーチミニストリーは、まず最初に、コーチの心に伝道することに焦点を当てています。

コーチはFCAの心臓部です。私たちのビジョンは、コーチが変革されるのを見ることです。彼らが指導することによって、スポーツをする人に変革をもたらすことができます。私たちが願うのは、たまたまクリスチャンであるコーチではなく、聖書に基づいたクリスチャンのコーチを見ることです。コーチがイエス・キリストに従う時、彼らの人格や関係や指導方法が、本物になるでしょう。

キャンパスミニストリー (Campus Ministry)

キャンパスミニストリーは、学生のアスリート主導のミニストリーです。コーチの後

援のもとに、スタッフのサポートがあり、定期的に中学・高校・大学のキャンパスで行われています。

キャンプミニストリー (Camp Ministry)

　FCAのキャンプは、アスリートやコーチのために、運動の技術を上達させ、影響力のある関係を作り、イエス・キリストに出会うために、年間のテーマと聖書を用いて行われるミニストリーのイベントです。キャンプの種類は、スポーツ、リーダーシップ、コーチ、パワー、チーム、パートナーシップ、インターナショナルです。

　FCAは、キャンプの環境で、包括的な運動、霊性、リーダーシップの訓練を提供することによって、アスリートやコーチに神さまが与えてくださる可能性に届く機会を提供しています。私たちは、キャンプをセッティングすることで、コーチやアスリートの人生に霊的な変革を生み出す、運動の環境を作ります。

コミュニティミニストリー (Community Ministry)

　コミュニティミニストリーは、クラブやレクレーションのスポーツの環境を通して、コーチやアスリートに届く、キャンパス外でのミニストリーです。

FCAの価値観

　私たちの関わりによって、誠実に仕えることでチームワークと卓越性で、イエス・キリストと主のみことばのために、ゆるぎない献身を示していきます。

誠実さ
　私たちは、個人として、公に、キリストのような完全性を示します。（箴言11:3）

仕えること
　私たちはイエスさまの例をモデルにして仕えます。（ヨハネ13:1 ～ 17）

チームワーク
　私たちの関係に、キリストにある一致を表します。（ピリピ2:1 ～ 4）

卓越性

私たちは、私たちがすることすべてにおいて、神さまをほめたたえ、神さまに栄光を帰します。(コロサイ3:23～24)

　FCAは2012年以降、日本に宣教師を派遣しFCA Japanとして活動しています。FCA Japanは、プロ選手やコーチだけでなく、スポーツを楽しむすべての人に届いて、訓練していくことに焦点を当てています。またスポーツバイブルやデボーションガイド、ビデオなどスポーツミニストリーのための資料も作成しています。被災地の子どもたちのために野球教室を開催したり、被災地にプロ選手を派遣したりしました。いまアメリカで用いられている「3Dコーチング」という指導プログラムを始めていく計画を持っています。2019年、2020年への準備も始めています。アスリートやコーチの影響力を用いて福音をダイナミックにスポーツ少年少女たちに伝えていくことは日本全国どこでも起こることだと確信します。そのためのお手伝いをしたいと願っています。

ISLT　　　　　　　　　　　　　　　　　　　　　　　　　　　　　　大場元紀

　ISLT（通称：アイエスエルティ）とは国際スポーツリーダシップトレーニング（International Sports Leadership Training）の略称で、信仰とスポーツ、伝道、リーダー、チーム作り、スポーツミニストリーの働きとその運営など、スポーツミニストリーを展開していくうえで必要な学びと実践を提供する、スポーツミニストリーリーダーに向けた集中講座型のトレーニングプログラムです。

ISLTの歴史
　ISLTは、1998年に国際的なスポーツミニストリーネットワークであるISC（国際スポーツ連盟）によって、スポーツミニストリーリーダーを育成する場の必要性が話し合われ、翌年1999年に南アフリカで開講したInternational Sports Leadership School（ISLS）の13週間の集中講座型プログラムとして生まれました。

受講生は教職者、キッズミニストリー奉仕者、プロ選手、指導者、医者、ビジネスマンなどさまざまですが、全員スポーツミニストリーに関心を持ち、将来のリーダーとして各国から派遣されています。開講して以来、受講者が南アフリカに送られてきました。そして、その多くは受講後に母国へ戻り、スポーツミニストリーを広める役割を果たしています。その結果、スポーツミニストリーは世界規模で成長し、トレーニングプログラムも発展していきました。現在は、初級コース、中級コース、上級コースと3段階に分かれて世界中でトレーニングスクールが開講されています。

SLS：(ISLT レベル1) 世界各国の地域で開かれているスクール。約1週間の短期プログラムで、スポーツミニストリーの基礎を中心に学びます。日本ではまだ正式にプログラムを実施していませんが、今後各地で開講していきたいと願っています。
　対象：スポーツミニストリーに関心のある人。

RSLS：(ISLT レベル2) 世界を大きな地域に分け、その地域にあるスクール。アジアには東アジア地区スクール（EASLS）、東南アジア地区（SEASLS）がある。プログラムはおおよそ4週間です。日本は東アジア地区（EASLS）に属しています。EASLSは毎年4月の約1か月間、韓国で行われています。
　対象：リーダーとしてスポーツミニストリーに関わっている人、またはその予定の人。

ISLS：(ISLT レベル3) 南アフリカで年に一回行われる13週間のコースです。将来スポーツ宣教師として仕えるために必要な訓練が施されます。ディスカッションや実地訓練も含まれます。すべて英語で行われます。
　対象：国際的なスポーツリーダー、スポーツ宣教団体を始めたい人。

日本のスポーツミニストリー団体

下記以外のスポーツミニストリーをしている方は、JiSPに連絡してください。
共にネットワークを作っていきましょう！
メール:info@theultimatevictory.org

【ゴルフ】

VIP クラブ　東京ゴルフ
代表者　林秀志
Mail: hayashipuretrust@ap.wakwak.com

VIP クラブ　名古屋ゴルフ
代表者　曽我尚之
Mail: jeff.soga@gmail.com

VIP クラブ　関西ゴルフ
代表者　荒木貞夫
Mail: shalomdays@maia.eonet.ne.jp

VIP クラブ　中国ゴルフ
代表者　正野隆士
Mail: Takashi_Shono@home.misawa.co.jp

VIP クラブ　西日本ゴルフ
代表者　豊原源重
Mail: motoshige@0562.jp

関西クリスチャンゴルフフェローシップ
代表者　菅原亘（神戸キリスト栄光教会）
Mail: kcgc@kobe.email.ne.jp

【サッカー】

**特定非営利活動法人
エスペランサ スポーツクラブ**
代表者　池田恵賜（本郷台キリスト教会）
Mail: info@school-esperanza.jp
HP: esperanza-sc.com

国分寺バプテスト教会　サッカー
代表者　竹沢めぐみ（国分寺バプテスト教会）
Mail: info@kbcnet.jp

シーホースサッカー・インターナショナルクラブ
代表者　横田昌幸
Mail: seahorsesoccer@yahoo.co.jp
HP: www.seahorsejapan.com

【サーフィン】

Christian Surfers Japan
代表者　豊川慎
Mail: info@christian-surfers-japan.com
HP: http://christiansurfersjapan.com/

【スポーツキャンプ】

**NORTHSTAR ! ロッジ＆アウトドア
アドベンチャー**

代表者　山口謙
Mail: info@ridenorthstar.com
HP: http://ridenorthstar.com/

かけっこキャンプ
代表者　大倉寧
（奥多摩バイブルシャレー）
HP: http://f.o-bc.net/

サッカーキャンプ
代表者　大倉寧
（奥多摩バイブルシャレー）
HP: http://f.o-bc.net/

【ソフトボール】
国分寺バプテスト教会　ソフトボール
代表者　竹沢めぐみ（国分寺バプテスト教会）
Mail: info@kbcnet.jp

【バスケットボール】
クロスオーバー
代表者　市川信光
Mail: ichikawanobu@hotmail.com
HP: http://crossover2004.blog.fc2.com/

バーニング
代表者　小川里枝子（めぐみの丘チャペル）
Mail: basketball_burning@mail.goo.ne.jp

国分寺バプテスト教会　バスケットボール
代表者　竹沢めぐみ（国分寺バプテスト教会）
Mail: info@kbcnet.jp

ライトハウススクール　バスケット
代表者　峯口勝利
（東京ライトハウスチャーチ伝道師）
Mail: lighthouse@cog.jp
WEB：http://l-school.wixsite.com/lighthouse

【フットサル】
アシュレイ茨木
代表者　笠川路人（茨木聖書教会）
Mail: ibaraki@church.email.ne.jp
HP: http://www.ashley.ibarakibible.com/

国分寺バプテスト教会　フットサル
代表者　米内宏明
（国分寺バプテスト教会）
Mail: info@kbcnet.jp

ライトハウススクール　フットサル
代表者　峯口勝利
（東京ライトハウスチャーチ伝道師）
Mail: lighthouse@cog.jp
WEB：http://l-school.wixsite.com/lighthouse

【卓球】
卓球ミニストリー
代表者　野村剛（本郷台キリスト教会）
Mail: esp.pingpong@gmail.com

国分寺バプテスト教会　卓球
代表者　竹沢めぐみ（国分寺バプテスト教会）
Mail: info@kbcnet.jp

ライトハウススクール　卓球
代表者　峯口勝利

（東京ライトハウスチャーチ伝道師）
Mail: lighthouse@cog.jp
WEB：http://l-school.wixsite.com/lighthouse

【ダンス】

エスペランサ　ダンススクール
代表者　池田恵賜（本郷台キリスト教会）
Mail: info@school-esperanza.jp
HP: esperanza-sc.com

エスペランサ　ゴスペルフラダンススクール
代表者　佐藤文子（本郷台キリスト教会）
Mail: hongodai@church.email.ne.jp

ABC-TOKYO
代表者　クリスティアン・マルティーヌ &
三谷梨央
HP: http://www.abc-tokyo.com/

ライトハウススクール　ダンス
代表者　峯口勝利
（東京ライトハウスチャーチ伝道師）
Mail: lighthouse@cog.jp
WEB：http://l-school.wixsite.com/lighthouse

【テニス】

VIPクラブ　福岡テニス
代表者　梅崎良則
Mail: Ume4401@r4.dion.ne.jp

【ドッジボール】

JED Ministries
代表者　山下翼（小阪シオン教会）
Mail: bigjacktsubasa@yahoo.co.jp

HP: http://jedkidsministries.wix.com/j-e-d

【野球】

本郷台エンジェルス
代表者　梶野智弘（本郷台キリスト教会）
Mail: hongodaibm@yahoo.co.jp

【ヨット】

VIPクラブ　関西ヨット
代表者　佐々木雅夫
Mail: GZQ04446@nifty.ne.jp

【トーナメント企画】

Thank You Jesus Cup フットサル
代表者　桃井亮（Jesus Cafe House）
　　　　横山辰哉（グッドサマリタンチャーチ）
HP: http://j-cafehouse.blogspot.jp/

Thank You Jesus Cup バスケ関東
代表者　岡沢元
Mail: beginning.me@gmail.com

Thank You Jesus Cup バスケ関西
代表者　金子道仁（グッドサマリタンチャーチ）
HP: http://good-samaritan-church.org/cec/index.html

【宣教団体】

JiSP
代表者　米内宏明（国分寺バプテスト教会）
Mail: info@theultimatevictory.org
HP: http://theultimatevictory.org/

日本スポーツ伝道協力会 (SOJ)
代表者　姫井雅夫
HP: http://www.gospeljapan.com/soj/

VIP クラブ　スポーツミニストリー
代表者　溝口修
Mail: mizo38@rose.ocn.ne.jp

FCA Japan
代表者　Will Thompson
Mail: wthompson@fca.org
HP: http://fcajapan.org/

> 自分が全く予想しない球が来たときにどう対応するか。
> それが大事です。
> 試合では打ちたい球は来ない。
> 好きな球を待っていたのでは終わってしまいます。
>
> 　　　　　　　　　　　　　プロ野球選手　イチロー
> 　　　　　　　　　　　　　　　　　　（出典）心の常備薬

> いま強くなる稽古と、
> 3年先に強くなるための稽古と、
> 両方をしなくちゃならない。
>
> 　　　　　　　大相撲 第58代横綱　千代の富士
> 　　　　　　　　　　　　　（出典）心の常備薬

著者プロフィール

浅井元規（あさいもとき）・翻訳
7MEDIA SHINE Coordinator

池田恵賜（いけだけいし）
日本福音キリスト教会連合 本郷台キリスト教会 主任牧師
特定非営利活動法人 エスペランサ・スポーツクラブ 代表理事

大上リチャード（おおうえりちゃーど）
一般社団法人 日本バプテスト宣教団 宣教師

大場元紀（おおばもとき）
宣教教会 対外奉仕者 東アジアスポーツリーダー養成スクール プログラムディレクター Thank You Jesus Cup 関東 アドバイザー

金子道仁（かねこみちひと）
グッド・サマリタン・チャーチ牧師

クラットワージー美保（くらっとわーじぃーみほ）・翻訳
OMF ザ・チャペル・オブ・アドレーション 協力宣教師

佐藤賢二（さとうけんじ）
本郷台キリスト教会 牧師
特定非営利活動法人エスペランサ・スポーツクラブ
チャプレン／クラブマネジャー

竹沢めぐみ（たけざわめぐみ）
国分寺バプテスト教会 ミニストリー・コーディネーター

蔦田聰毅（つたださとき）
イムマヌエル綜合伝道団 堺キリスト教会 牧師

林明敏（はやしあきとし）
ユース・ウィズ・ア・ミッション（YWAM）国内宣教師
日本フォースクエア福音教団 谷山福音教会 所属

姫井雅夫（ひめいまさお）
日本基督教団 赤坂教会牧師、スポーツ・アウトリーチ・ジャパン代表

桃井亮（ももいあきら）
日本フォースクエア福音教団 ジーザス・カフェ・ハウス 主任牧師

山下翼（やましたつばさ）
小阪シオン教会 牧師

山崎紘子（やまざきひろこ）
本郷台キリスト教会 信徒

横田 昌幸（よこた まさゆき）
日本同盟基督教団 武庫之荘めぐみ教会 教会内では信徒
Missionary Athletes International 宣教師

米内宏明（よないひろあき）
国分寺バプテスト教会　牧師

米内里江子（よないりえこ）
国分寺バプテスト教会 伝道師
かけっこ教室忍者塾 スタッフ

Dave Deal
Area Coordinator, East Asia
Athletes in Action Global

Will Thompson
FCA Japan Representative

もうダメと思ったら、あと「1秒」ガマンしてみよう。
自分はこんなつらいことに耐えられた、
という自信がつく。

柔道家・プロレスラー　木村政彦

（出典）心の常備薬

その身長で他の奴らと同じことやって
強くなれるわけないだろ？

元男子プロテニス選手　マイケル・チャン

（出典）THE WORD

聖書 新改訳 ©1970, 1978, 2003 新日本聖書刊行会

スポーツミニストリー

2016年10月1日発行

編者　日本国際スポーツパートナーシップ（JiSP）
発行　いのちのことば社
〒164-0001　東京都中野区中野 2-1-5
編集　Tel.03-5341-6922
営業　Tel.03-5341-6920
　　　Fax.03-5341-6921

装丁&デザイン　吉田葉子

印刷・製本　モリモト印刷株式会社

落丁・乱丁はお取り替えいたします。
Printed in Japan
©2016　JiSP　　ISBN978-4-264-03602-9 C0016